Pusteblume

Das Arbeitsheft 2

Grundschrift

Neubearbeitung

Herausgegeben von
Wolfgang Menzel

Erarbeitet von
Christel Jahn (Frankfurt)
Wolfgang Kunsch (Harpstedt)
Wolfgang Menzel (Wedemark)
Elke Schnepf-Rimsa (Heidelberg)
Udo Schoeler (Frankfurt)
Brigitte Schulz (Dieburg)
Christina Schulz (Bonn)
Sabine Stach-Partzsch (Südlohn)
Katja Vau (Köln)
Illustriert von
Angelika Çıtak, Bettina Kumpe, Anja Rieger,
Susanne Schulte

Schroedel
westermann

Inhaltsverzeichnis

> Kreuze nach der Arbeit an:
> Ich fand die Seite
> leicht ☺ mittel ☺ schwer ☹

Inhaltsverzeichnis

Inhaltsverzeichnis

A wie Anfang

Das kann ich schon

Meinen Namen in deutlicher Schrift schreiben:

_____

Namen von Kindern meiner Klasse schreiben:

_____

_____

Meine Lieblingsbuchstaben schreiben:

_____

Meine Lieblingswörter schreiben:

_____

_____

Einen Satz schreiben:

> Zwischen den Wörtern muss ein Abstand sein!

_____

_____

▶ Sprachbuch: Seite 6

Das ABC üben

1 In der **ABC**-Schlange fehlen einige Buchstaben.
Trage die fehlenden Buchstaben ein.

A B D E F G I J K M N O Qu R S U W X Y Z

2 Im kleinen **ABC** sind einige Buchstaben vertauscht.
Kreise die Buchstaben, die vertauscht sind, farbig ein.

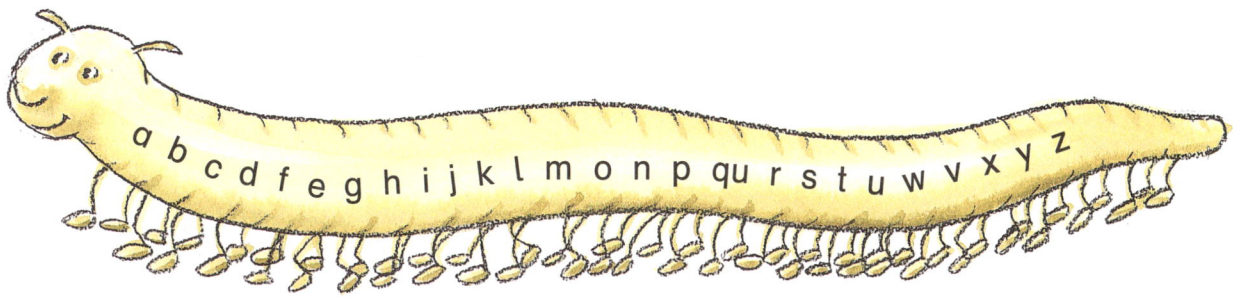

a b c d f e g h i j k l m o n p q u r s t u w v x y z

3 Schreibe das kleine **ABC** richtig auf.

a b _____

_____

4 Schreibe zu jedem Großbuchstaben den passenden kleinen
Buchstaben.

A _a_   G ___   P ___   E ___   F ___   R ___

L ___   D ___   U ___   B ___   H ___   M ___

A wie Anfang

▶ Sprachbuch: Seite 7
⬇ Lernsoftware: Nr. 8

Das ABC lernen

1 Lies die Buchstabenkästen.

| A B C D E | F und G und H | I J K und L |

| M N O P Qu | R und S und T | U V W und X | Y und Z |

2 Lies dir das Feen-ABC durch.

Feen-ABC

A B C D E

_____

_____

_____

_____

_____

_____

Vor meinem Bett stand eine Fee.

Sie stand auf einmal da.

Im Zimmer war es hell.

Und zaubern lernte ich im Nu.

Ich wünschte mich an einen See.

Ich zauberte dort fix

ein Boot aus meinem Bett.

3 Trage die Buchstaben richtig ein.

▶ Sprachbuch: Seite 8
⬇ Lernsoftware: Nr. 8

Silben

Alle Wörter bestehen aus einer oder mehreren Silben.
Die Silben kannst du hören, wenn du die Wörter deutlich sprichst.

Nase

1 Sprich die Wörter deutlich aus und klatsche die Silben dazu.

Tafel	schreiben	Pinsel	Heft	melden
Pause	Lesebuch	malen	Schule	spielen

2 Zeichne unter jede Silbe einen Silbenbogen: Tafel

3 Sprich dir jedes Wort deutlich vor.
Schreibe es in Silben auf.

~~würzen~~	Gabel	trinken	Topf	Brotmesser
Pfanne	braten	Kochlöffel	schneiden	probieren

wür – zen,

4 Sammelt weitere Wörter mit einer Silbe.

▸ Sprachbuch: Seite 9

A wie Anfang

Werkstatt: Lernen

Wörter nach dem ABC ordnen 1

1 Ordne diese Tiernamen richtig ein.

> Fisch
> Uhu
> Yak
> Dromedar
> Igel
> Otter
> Qualle
> Maus
> Seehund

2 Suche noch andere Tiernamen. Schreibe sie an die richtige Stelle.

3 Schreibe die Namen der Kinder deiner Klasse nach dem **ABC** geordnet in dein Heft.

1 Affe _Amsel_
2 Biene _____
3 Chamäleon _____
4 _____
5 Ente _____
6 _____
7 Giraffe _____
8 Hamster _Huhn_
9 _____
10 Jaguar _____
11 Katze _____
12 Lama _____
13 _____
14 Nashorn _____
15 _____
16 Papagei _____
17 _____
18 Ratte _Rabe_
19 _____
20 Taube _____
21 _____
22 Viper _____
23 Wespe _____
24 X _____
25 _____
26 Zebra _____

Lernen

▶ Sprachbuch: Seite 10
⬇ Lernsoftware: Nr. 9–11

Wörter nach dem ABC ordnen 2

1 Ordne die Namen nach dem **ABC**.

Gil	Ben	Hannah	Fenja	Leonie	Damian
~~Amina~~	Collin	Emma	Kim	Jakub	Irina

Amina, _____

_____

_____

2 Ordne die Tiere nach dem **ABC**.

~~Dachs~~	Wolf	Pfau	Ziege	Grille
Rabe	~~Adler~~	Schaf	Falke	Marder

Adler, Dachs, _____

_____

_____

3 Ordne diese Wörter nach dem **ABC**.

gelb	hoch	dick	~~breit~~	laut
frech	nass	tief	zahm	lustig	rund

breit, _____

_____

_____

A B C D E F G H I J K L M N O P Qu R S T U V W X Y Z

a b c d e f g h i j k l m n o p qu r s t u v w x y z

Lernen

© Bildungshaus Schulbuchverlage

▶ Sprachbuch: Seite 10
⬇ Lernsoftware: Nr. 9–11

Nach dem zweiten Buchstaben ordnen

Manchmal beginnen mehrere Wörter
mit dem gleichen Buchstaben.
Dann musst du nach dem zweiten Buchstaben ordnen.

Fasan   Fink   Floh

1 Ordne die Wörter nach dem **ABC**.
Sprich mit einem anderen Kind darüber.

Giraffe	Grille	Gans	Gorilla	Gepard

_____

_____

2 Ordne die Wörter nach dem **ABC**.

blitzen	bellen	backen	biegen	brechen	boxen

_____

_____

Erst Kopf oder erst Knie?

3 Ordne die Wörter nach dem **ABC**.

Bein	Kopf	Ohr	Mund	Zunge	Nase
Knie	Finger	Zeh	Hand	~~Arm~~	

Arm, _____

_____

10

Lernen

Mit Textlupen Textstellen markieren

Bauen

Paul baut einen Turm.

Unten legt er <u>zei</u> Bausteine hin.

<mark>Ganz vorsichtig</mark> stellt er drei Steine darauf.

Dann <u>komen</u> quer zwei Steine.

Zum Schluss baut er <mark>den Keller</mark>.

Fertig ist sein Turm.

1 Warum sind im Text **Bauen** die Stellen so markiert?
Sprich mit einem anderen Kind darüber.

Meine Katze

Mein Hund hat ein weiches Fell.

Ich streichle sie kern.

Meistens schnurrt sie dann.

Manchmal kann sie aber fauchen.

Dann lase ich sie in Ruhe.

2 Markiere mit den Textlupen die Stellen,
die dir gut gefallen oder nicht stimmen.
In dem Text sind auch zwei Rechtschreib-Fehler!

Lernen

▸ Sprachbuch: Seite 12, 29

Werkstatt: Sprechen und Zuhören

Gesprächsregeln beachten 1

1 Schau dir das Bild an.

2 Überlege: Welche Kinder verhalten sich richtig, welche nicht?

3 Male die Kinder an, die sich richtig verhalten und sprich mit einem anderen Kind darüber.

4 Schreibe eine Gesprächsregel auf, die in deiner Klasse gilt.

_____

_____

Gesprächsregeln beachten 2

1 Überlegt zu zweit, was euch schon gut gelingt,
und was euch noch nicht so gut gelingt.

Ich melde mich.

Ich spreche nur, wenn ich dran bin.

Ich bleibe beim Thema.

Ich höre aufmerksam zu.

Ich schaue das sprechende Kind an.

Ich warte, bis ich drankomme.

2 Male die Regeln an, die dir schon gut gelingen.

3 Beobachte dich bei einigen Klassengesprächen selbst.
Schreibe das Datum in die Tabelle.
Bewerte deine Beobachtung mit einem ☺ oder ☹ .

4 Schreibe in die dritte Zeile, was du bei dir noch beobachten willst.

☺ bedeutet: Das ist mir heute gut gelungen.

☹ bedeutet: Das ist mir heute nicht gelungen.

	am _____	am _____	am _____
Ich habe mich gemeldet.			
Ich habe aufmerksam zugehört.			
_____ _____			

▶ Sprachbuch: Seite 17

Sprechen und Zuhören

Über einen Vortrag sprechen 1

Leonie hat einen Vortrag über Eichhörnchen gehalten.

1 Lies, was die Kinder über Leonies Vortrag gesagt haben.

> Mir hat gefallen, dass du uns am Ende Fragen gestellt hast.

> Du hast fast alles auswendig erklärt.

> Du hast meistens laut und deutlich gesprochen.

> Mir hat nicht gut gefallen, dass du etwas vom Plakat abgelesen hast. Das konnte ich nicht gut verstehen.

> Ich finde es gut, dass du Eicheln und Nüsse gezeigt hast.

> Du hast fast immer zu Frau Schmidt geguckt.

> Der Anfang war gut. Du hast das Thema genannt und gesagt, was du daran spannend findest.

> Das Foto vom Eichhörnchen auf dem Plakat ist toll.

2 Schreibe einige Dinge auf, die Leonie gut gemacht hat.

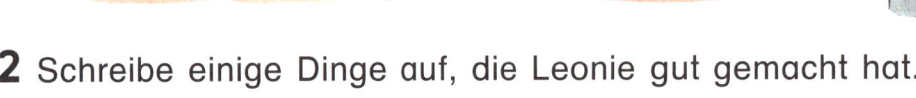

Leonie hat

© Bildungshaus Schulbuchverlage

Sprechen und Zuhören

Über einen Vortrag sprechen 2

Tipp

Diese Seite kannst du immer dann benutzen, wenn ein Kind einen Vortrag gehalten hat.

1 Diese Sätze kann man einem Kind nach einem Vortrag sagen. Lies sie dir durch.

> Du hast am Anfang das Thema genannt.

> Du hast deutlich gesprochen.

> Du hast laut gesprochen.

> Du hast nicht abgelesen.

> Du hast uns beim Vortrag angeschaut.

> Du hast uns Bilder gezeigt und erklärt.

> Es hat mir gut gefallen, dass du …

> Besonders gut beschrieben hast du …

> Mir hat nicht so gut gefallen, wie du …

> Ich habe einen Tipp für dich: …

2 Markiere die Sprechblasen farbig.
grün: Das hat dir am Vortrag gefallen
orange: Das hat dir nicht so gut gefallen

Sprechen und Zuhören

▶ Sprachbuch: Seite 14, 19, 126, 127, 132

Werkstatt: Texte verfassen

Eine Idee für einen Text entwickeln

1 Was fällt dir zu dem Bild ein?
Sammle passende Wörter in einem Gedankenschwarm.

_____ _____ überrascht_____

Geburtstag_____ 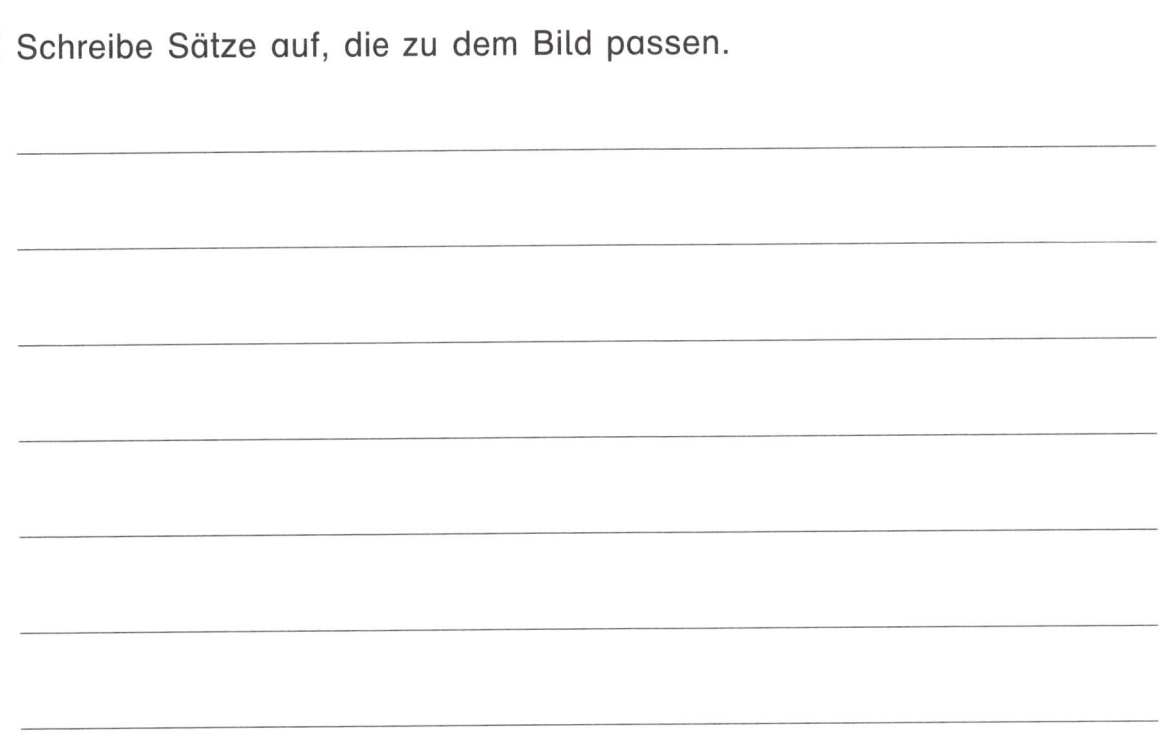 _____

_____ _____

_____ Tischdecke_____

_____ _____

2 Schreibe Sätze auf, die zu dem Bild passen.

_____

_____

_____

_____

_____

_____

3 Unterstreiche den schönsten Satz farbig.

▸ Sprachbuch: Seite 25, 140

Texte verfassen

Eine Geschichte planen und aufschreiben

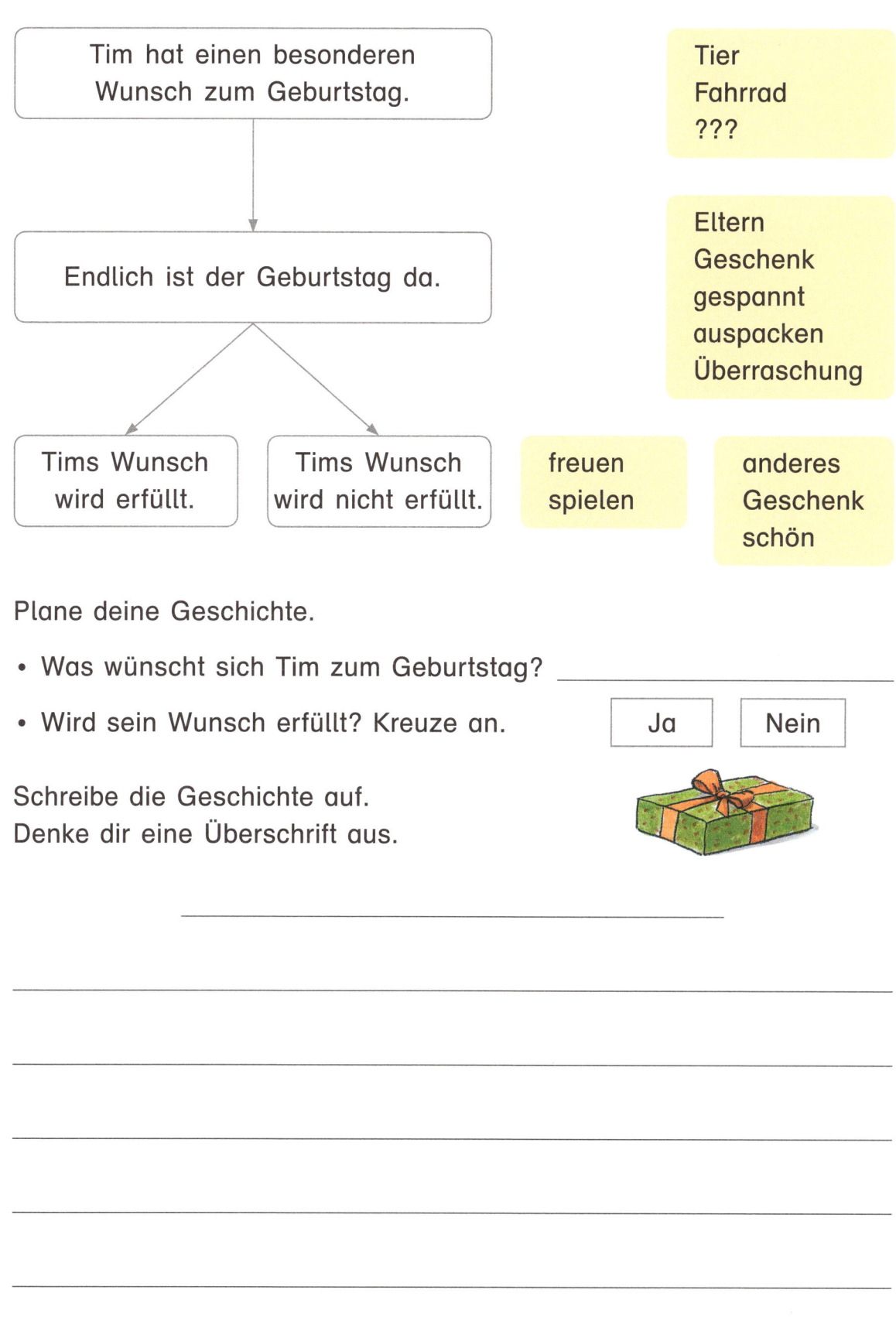

Tim hat einen besonderen Wunsch zum Geburtstag.

Tier
Fahrrad
???

Endlich ist der Geburtstag da.

Eltern
Geschenk
gespannt
auspacken
Überraschung

Tims Wunsch wird erfüllt.

Tims Wunsch wird nicht erfüllt.

freuen
spielen

anderes
Geschenk
schön

1 Plane deine Geschichte.

- Was wünscht sich Tim zum Geburtstag? _____

- Wird sein Wunsch erfüllt? Kreuze an. | Ja | | Nein |

2 Schreibe die Geschichte auf.
Denke dir eine Überschrift aus.

_____

_____

_____

_____

_____

_____

© Bildungshaus Schulbuchverlage

Texte verfassen

Eine Ich-Geschichte schreiben

1 Schreibe, was du **leider** nicht kannst
oder was du nicht hast.

Ich kann gut klettern.
Ich habe eine
Freundin.

Ich kann nicht gut
malen.
Ich habe keinen
Bruder.

2 Schreibe, was dir **aber** gut an dir gefällt.

Leider ...

Leider kann ich nicht _____ .

Leider _____

Leider _____

Leider _____

Aber ...

Aber ich kann _____ .

Aber _____

Aber _____

Aber _____

3 Male dich selbst: Auf einem Bild bedauerst du dich, auf dem anderen
bist du ganz stolz und froh.

Texte verfassen

▶ Sprachbuch: Seite 26, 105
⬇ Lernsoftware: Nr. 1

Eine Reihenfolge finden

1 Lest zu zweit die Sätze.

A	Mitten auf dem Weg lag ein Ast.
B	Elena und Saskia haben eine Fahrradtour gemacht.
C	Sie fuhren den Weg zum Wald hinauf.
D	Zum Glück hatte Saskia ein Pflaster dabei.
E	Elena stürzte und verletzte sich ihr Knie.

2 Ordne die Sätze.

3 Schreibe die 5-Sätze-Geschichte auf.

4 Denke dir eine passende Überschrift aus.

Texte verfassen

▶ Sprachbuch: Seite 25, 123

19

5-Sätze-Geschichten schreiben

1 Lies die Satzanfänge und die Wörter am Rand.

1 Tim hatte gestern Geburtstag.

2 Am Nachmittag kamen viele Kinder.   Schatz

3 Die Kinder aßen _____.   Muffins

4 Dann suchten sie einen _____.

5 _____

2 Setze die passenden Wörter ein.
Denke dir einen 5. Satz zu dieser Geschichte aus.

3 Schreibe zu einer dieser Überschriften eine 5-Sätze-Geschichte.

Im Schwimmbad   Ausgerutscht

Fieber   Verloren

_____

Es war sehr heiß.
Leo und Marie packten ihre Schwimmsachen ein.

_____

_____

_____

_____

_____

4 Lest euch gegenseitig die 5-Sätze-Geschichten vor.

▶ Sprachbuch: Seite 27, 38, 134, 140
⬇ Lernsoftware: Nr. 2

Texte verfassen

Ein Elfchen schreiben

1 Schreibe einen der folgenden Texte so auf, dass ein Elfchen entsteht.

Autos fahren vorbei.   Draußen fliegt eine
Ich habe Rot.   Amsel schnell vorbei.
Bei Grün gehe ich los.   Im Schnabel ist ein Wurm.

2 Schreibe die Wörter hier auf.
Die Reihenfolge der Wörter kannst du verändern.
Achte aber auf die richtige Wörterzahl.

1. Zeile (ein Wort): _____

2. Zeile (zwei Wörter): _____

3. Zeile (drei Wörter): _____

4. Zeile (vier Wörter): _____

5. Zeile (ein Wort): _____

3 Lest euch gegenseitig eure Elfchen vor.
Achtet besonders auf das letzte Wort in Zeile 5.
Es kann ein Höhepunkt des Elfchens sein.

4 Schreibe nun auch ein Elfchen zu dem zweiten Text.

_____

_____

_____

_____

5 Schreibe zum Thema **Ferien** ein eigenes Elfchen ins Heft.
Du kannst zuerst ganze Sätze schreiben und dann
elf Wörter für dein Elfchen auswählen.

Texte verfassen

Eine Fantasiegeschichte schreiben

Eigentlich sah dieser Stuhl im Klassenzimmer
ganz normal aus. Das stimmte aber gar nicht.
Denn als ich mich darauf setzte,
passierte etwas ganz Seltsames.

1 Was passiert, wenn du dich auf diesen Zauberstuhl setzt?
Schreibe deine Ideen auf.

fliegen

2 Entscheide dich für eine Idee und kreise sie ein.

3 Wie geht die Geschichte weiter? Schreibe auf.

4 Übe, deine Geschichte vorzulesen.

Texte verfassen

▶ Sprachbuch: Seite 34

Zu einem Bild schreiben

1 Was sieht die Maus? Male oder schreibe es.

● **2** Schreibe auf, was die Maus erlebt.

3 Überlege dir zuletzt eine passende Überschrift.

_____

_____

_____

_____

● _____

_____

_____

_____

4 Lest euch gegenseitig die Geschichten vor.
Welche Stellen haben euch besonders gefallen?

Diese Stelle gefällt mir besonders gut.

Texte verfassen

▶ Sprachbuch: Seite 35, 141
⤓ Lernsoftware: Nr. 5

Einen Sachtext lesen, einen Steckbrief schreiben

1 Lies den Text genau.

_____

Das Tier hat ein weiches Fell. Es kann verschiedene
Farben haben. Seine Ohren sind lang, sein Schwanz
ist kurz und buschig. Es frisst gern Löwenzahn,
Möhren, Äpfel und Heu. Es muss immer frisches
Wasser trinken können. Das Tier fühlt sich am
wohlsten, wenn es nicht allein leben muss.
Die Tiere brauchen einen ausreichend großen Käfig.
Sie haben aber auch sehr gern Auslauf in der
Wohnung oder im Garten.

Meerschweinchen

Papagei

Kaninchen

Katze

2 Um welches Tier geht es?
Schreibe es als Überschrift auf.

3 Schreibe einen Steckbrief zu dem Tier. Markiere im Text die nötigen
Informationen.

So heißt das Tier: _____

So sieht es aus: _____

_____

_____

Das frisst es: _____

_____

Das braucht es: _____

_____

4 Schreibe einen Steckbrief für ein anderes Tier in dein Heft.
Wenn dir Informationen fehlen, schau in einem Tierlexikon nach.

▸ Sprachbuch: Seite 37, 113, 145
↓ Lernsoftware: Nr. 3

Texte verfassen

Eine Suchanzeige schreiben

1 Schreibe Wörter auf, die die Gegenstände beschreiben.

Rucksack	Sportbeutel	Kuschelhase
rot	_____	_____
weiße Punkte	_____	_____
Dino-Anhänger	_____	_____

2 Schreibe eine Suchanzeige für einen Gegenstand aus Aufgabe 1.

Hilfe! Mein _____ ist verschwunden.

Seit gestern vermisse ich meinen _____

Er _____

_____

Außerdem hat er _____

Bitte melden bei:

_____

3 Lest euch gegenseitig eure Suchanzeigen vor.

▶ Sprachbuch: Seite 100

Texte verfassen

Einen Schluss für eine Geschichte finden

1 Lies den Text.

Ein großer Hund

Sohan, Marie, Greta und Oskar spielen Fußball auf der Wiese.
Plötzlich kommt ein sehr großer Hund auf die Kinder zugerannt.
Sohan erstarrt und versteckt sich hinter Marie.
Greta und Oskar haben Angst.
Marie lacht.

_____

_____

_____

_____

_____

_____

_____

_____

2 Wie könnte diese Geschichte zu Ende gehen?
Sprecht darüber.

3 Schreibe deinen Schluss auf.

4 Lies deine Geschichte einem anderen Kind vor.

Texte verfassen

▸ Sprachbuch: Seite 39

Texte mit Adjektiven interessanter machen

1 Lies den Text.

Mein _____ Meerschweinchen ist zwei Jahre alt.
kleines, dickes, süßes

Es heißt Berta.

Es hat ein _____ Fell.
dickes, dünnes, braunes

Es hat _____ Öhrchen.
kleine, große, runde

Es quiekt _____ , wenn es Angst hat.
fürchterlich, laut, leise

Jeden Tag gebe ich ihm _____ Salat
grünen, frischen, leckeren

und _____ Wasser.
frisches, sauberes, kaltes

Es braucht einen _____ Käfig
großen, hellen, sicheren

und _____ Auslauf.
regelmäßig, manchmal, oft

2 Setze die Adjektive ein, die dir am besten gefallen.

3 Lest euch gegenseitig eure Texte vor.

4 Schreibe einen ähnlichen Text über ein anderes Tier in dein Heft.

Texte verfassen

▶ Sprachbuch: Seite 31
↓ Lernsoftware: Nr. 6

Überarbeiten: treffende Wörter finden 1

1 Spielt Pantomime: Ein Kind spielt ein Verb vor, die anderen raten.

> stolpern   hüpfen   hasten   trippeln   spurten
> schlendern   laufen   spazieren   stampfen   humpeln
> rasen   rennen   flitzen   bummeln   eilen

2 In der Geschichte wiederholt sich das Verb **gehen**.
Überlegt, welche Verben ihr statt **gehen** einsetzen könnt.
Schreibt sie in die Zeilen.

Auf dem Schulhof

Alle Kinder _____ in die Pause.
gehen

Ein Junge fällt hin und verletzt sich am Knie.

Er _____ langsam zur Aufsicht.
geht

Die Lehrerinnen _____ auf dem Schulhof hin und her.
gehen

Drei Kinder wollen um die Wette _____ .
gehen

Sie stellen sich auf und _____ dann los.
gehen

Zwei Jungen haben es gar nicht eilig.

Sie _____ über den Schulhof.
gehen

Drei Kinder aus der ersten Klasse spielen ein Elefantenspiel.

Sie trompeten und _____ wie Elefanten.
gehen

Drei andere _____ mit dem Seil.
gehen

3 Lest euch eure Geschichten gegenseitig vor.
Welche Verben passen besonders gut?

▶ Sprachbuch: Seite 30

Überarbeiten: treffende Wörter finden 2

1 Lies die Geschichte.

Wiedergefunden

Ich wollte mit meinem ferngesteuerten Auto spielen.

Da _____ konnte ich es gar nicht finden.

Da _____ habe ich überall in meinem Zimmer gesucht.

Und da _____ wurde ich richtig wütend.

Da _____ ist mir aber mein Bruder eingefallen.

Und da _____ bin ich in sein Zimmer gegangen.

Da _____ stand das Auto unter seinem Tisch.

Typisch mein Bruder.

2 In dieser Geschichte beginnen fast alle Sätze mit **da** oder **und da**.
Das klingt nicht immer gut. Einige Sätze kannst du verändern.
Schreibe dafür andere Wörter an die Satzanfänge.
Probiere verschiedene Möglichkeiten aus.

dort   leider   aber   dann

deshalb   plötzlich   schnell

3 Lest euch gegenseitig eure Geschichten vor.

Texte verfassen

▶ Sprachbuch: Seite 123
↓ Lernsoftware: Nr. 7

Texte überarbeiten 1

1 Mathilda hat aufgeschrieben, was ihrer Freundin passiert ist.

_____

Paula war allein zu Hause. _____

Paulas Eltern waren ins Kino gegangen. _____

Danach ist ~~Paula~~ eingeschlafen. _sie_ _____

Dann hörte Paula ein Geräusch. _____

Paula hörte Stimmen auf dem Flur. _____

Dann ging das Licht an. _____

Zum Glück waren es Paulas Eltern. _____

2 Einige Kinder haben Tipps für Mathilda.
Lies die Tipps genau durch.

> Du könntest auch schreiben, wie sich Paula gefühlt hat.

> Schreib doch anstatt **Paula** mal **sie** oder **ihre**.

> **Dann** kommt zweimal vor.

3 Überarbeitet den Text.
Streiche die Textteile durch, die du ändern willst.

4 Schreibe die Verbesserungen an den Rand.

5 Denke dir eine passende Überschrift aus.
Schreibe sie über den Text.

▶ Sprachbuch: Seite 36, 33

Texte überarbeiten 2

6 Schreibe den Text von Seite 30 mit deinen Verbesserungen auf.

_____

_____

_____

_____

_____

_____

_____

_____

_____

_____

_____

_____

7 Die Geschichte kann auch aufgehängt werden oder in ein Geschichtenbuch geschrieben werden.

Texte verfassen

▶ Sprachbuch: Seite 26, 33

Werkstatt: Richtig schreiben

Selbstlaute und Mitlaute unterscheiden

> **a**, **e**, **i**, **o**, **u** heißen Selbstlaute (Vokale).
> Zu den Selbstlauten gehören auch die Umlaute **ä**, **ö**, **ü**.
> Die anderen Buchstaben heißen Mitlaute (Konsonanten).

1 Kreise alle Selbstlaute im ABC rot ein.

A B C D E F G H I J K L M

N O P Qu R S T U V W X Y Z

2 Schreibe die Selbstlaute aus dem ABC so auf: A – a, E – . . .

_____

3 Wie heißen die Umlaute? _____

4 Setze die fehlenden Selbstlaute ein.

Tiere:

H__s__   L__w__   Kr__k__d__l   K____l__b__r

Obst:

B__n__n__   M__l__n__   Z__tr__n__   K__k__sn__ss

Berufe:

B__ck__r   B__sf__hr__r   P__l__t   P__l__z__st__n

5 Schreibe einige Wörter von Aufgabe 4 auf. Markiere die Selbstlaute rot.

_____

_____

Richtig schreiben

▶ Sprachbuch: Seite 44
↓ Lernsoftware: Nr. 12–14

Mitsprechwörter schreiben

Strategie: Mitsprechen

Bei manchen Wörtern hilft es,
wenn du das Wort beim Schreiben deutlich mitsprichst.
Dann kannst du alle Buchstaben des Wortes hören.
Solche Wörter werden **Mitsprechwörter** genannt.

1 Sprich diese Bildwörter deutlich aus.

2 Alle Bildwörter in Aufgabe 1 sind **Mitsprechwörter**.
Schreibe die Wörter auf. Sprich beim Schreiben jeden Buchstaben
leise mit.

_____

_____

3 Warum sind diese Wörter keine **Mitsprechwörter**? Erkläre.

Vogel: _____

_____

Mehl: _____

_____

4 Lies die Wörter. Es gibt sechs **Mitsprechwörter**.
Unterstreiche sie.

Schafe   Qualle   Sofa   Ufo

Brot   Blume   Himmel   Zaun

▶ Sprachbuch: Seite 45

Richtig schreiben

Wörter in Silben zerlegen

Strategie: In Silben zerlegen

Jedes Wort besteht aus ein,
zwei oder mehreren Silben.
Die Silben kannst du hören und klatschen.
In jeder Silbe gibt es genau einen Selbstlaut.
Ba na ne

1 Lies die Wörter und klatsche die Silben.

Tafel   Heft   Lesebuch   Schere   Tisch   Kalender   Foto
Bücher   Buntstift   Stundenplan   Stuhl   Lineal   Füller

2 Verbinde die Bilder mit den richtigen Silbenbögen.
Für zwei Bilder sind keine Silbenbögen gemalt.

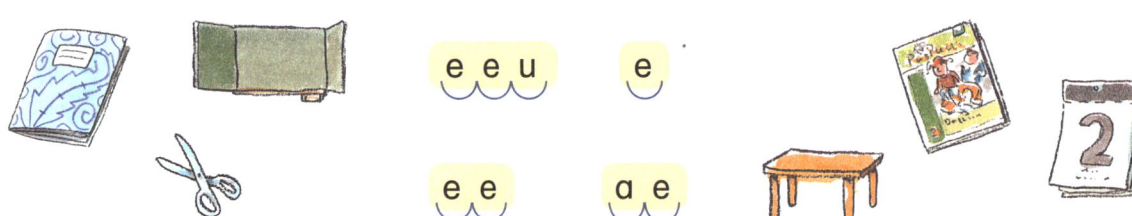

e e u   e

e e   a e

3 Male die Silbenbögen für die fehlenden Wörter und
schreibe die Selbstlaute hinein.

4 Ordne die Wörter von Aufgabe 1 nach der Anzahl der Silben.
Schreibe die Wörter jetzt mit Trennstrichen auf.

Wörter mit 1 Silbe: _Heft,_

Wörter mit 2 Silben: _Ta-fel,_

Wörter mit 3 Silben: _____

5 Schreibe Wörter mit

1 Silbe: _____   3 Silben: _____

2 Silben: _____   4 Silben: _____

▶ Sprachbuch: Seite 46

Nachdenkwörter mit qu/Qu, sp/Sp, st/St schreiben

Bei Nachdenkwörtern helfen Strategien und Regeln.

Manche Wörter spricht man am Wortanfang mit (kw) aus.

Man schreibt sie aber mit **Qu/qu**.

| Quallen | Quark | quaken | quietschen | Quadrat |

1 Setze die qu-Wörter in die Lücken ein:

a. Lisa isst den _____ am liebsten mit Obst.

b. Im Meer schwimmen _____ .

c. Im Teich _____ vier grüne Frösche.

d. Die Bremsen _____ laut.

e. Ich zeichne mit dem Lineal ein _____ .

Manche Wörter spricht man am Wortanfang mit (scht) oder (schp) aus.

Man schreibt sie aber mit **St/st** oder **Sp/sp**.

| Spinne | Straße | spielen | stechen | stark | Spaß | Stiefel |
| Sprudel | Sport | stumm | stolz | sportlich | Spagetti | Streit |

2 Schreibe die Wörter geordnet auf:

St/st: *Straße,* _____

_____

Sp/sp: *Spinne,* _____

_____

▶ Sprachbuch: Seite 47
⤓ Lernsoftware: Nr. 32

Selbstlaute unterschiedlich sprechen

Bei diesen Bildwörtern kann man die Selbstlaute (Vokale) beim
Zuhören gut erkennen, weil sie deutlich gesprochen werden.

1 Sprecht euch die Bildwörter gegenseitig vor und achtet auf die 1. Silbe.

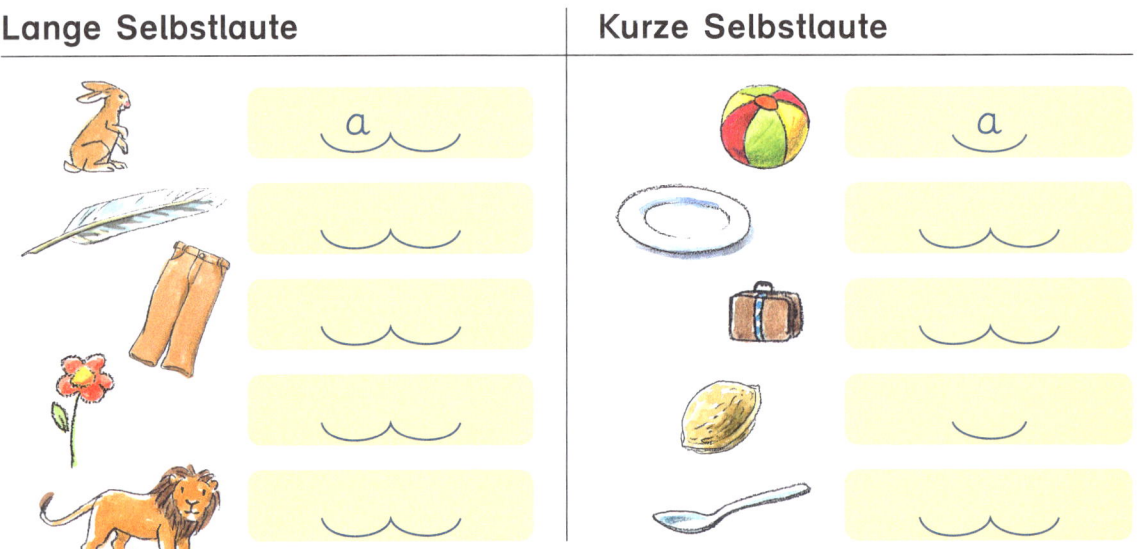

Lange Selbstlaute	Kurze Selbstlaute

2 Schreibe nun in den 1. Silbenbogen den Selbstlaut, den du hörst.

Merksatz

Selbstlaute können unterschiedlich klingen:
Sie können auffällig, stark und deutlich klingen.
Dann nennt man sie **lange Selbstlaute**: Hase
Sie können weniger deutlich und weniger auffällig klingen.
Dann nennt man sie **kurze Selbstlaute**: Ball

3 Verbinde und achte dabei auf die 1. Silbe.

Langer Selbstlaut   Kurzer Selbstlaut

Richtig schreiben

▶ Sprachbuch: Seite 49
⬇ Lernsoftware: Nr. 15–17

Lange und kurze Selbstlaute unterscheiden

1 Lest die Wörter und sprecht sie deutlich aus.

Wörter mit einem langen Selbstlaut: Bl<u>u</u>men
Wörter mit einem kurzen Selbstlaut: M<u>u</u>tter

Mutter – Blumen   Affen – Kater   Brote – Koffer
Segel – Sessel   Tasse – Tafel   Wagen – Watte

2 Schreibe die Wörter geordnet auf.

Wörter mit **langem Selbstlaut**	Wörter mit **kurzem Selbstlaut**
Blumen	Mutter

3 Setze die Wörter von oben in die Lücken ein.

a. Ich schenke meiner Mutter einen Strauß _____ .

b. Im Urwald klettern die _____ in den Bäumen herum.

c. Vor dem Urlaub packe ich meinen _____ .

d. Der Bäcker backt knusprige _____ .

e. Der _____ hat vier Räder und kann fahren.

f. In der _____ ist heißer Tee.

4 Markiere die Selbstlaute. Setze Punkte unter die kurzen Selbstlaute und Striche unter die langen Selbstlaute.

Richtig schreiben

▶ Sprachbuch: Seite 49, 50
⬇ Lernsoftware: Nr. 15–17

Nachdenkwörter mit doppelten Mitlauten

Auf einen langen Selbstlaut
folgt nur ein Mitlaut: raten
Auf einen kurzen Selbstlaut folgen mindestens zwei Mitlaute:
Weste, Wette

1 Lies die Wörter. Sprich sie in Silben und klatsche dazu.

Wette   Wippe   Keller   Butter   Hummer   Welle

2 Schreibe die Wörter mit Trennstrichen auf.
Markiere den Selbstlaut in der ersten Silbe rot.

 Wet-te,

3 Lies die Wörter. Sprich sie in Silben und klatsche dazu.
Markiere den Selbstlaut in der ersten Silbe rot.

Teller   Lippe   Kette   Mutter   Quelle   Kummer

4 Suche zu jedem Wort aus Aufgabe 1 das passende Reimwort in
Aufgabe 3.

Wet-te und Ket-te,

5 Schreibe die Verben in der Er-Form auf.
Markiere den Selbstlaut in der ersten Silbe rot.

rennen: er rennt   kennen: er

wippen: er   kippen: er

schütteln: er   rütteln: er

▶ Sprachbuch: Seite 51
⬇ Lernsoftware: Nr. 18–21

Richtig schreiben

© Bildungshaus Schulbuchverlage

Nachdenkwörter mit ie schreiben

> Bei Nachdenkwörtern helfen Strategien und Regeln.

Strategie: Auf den Selbstlaut achten

Wenn du in einem Wort
ein langes und deutliches **i** hörst,
wird es meist mit **ie** geschrieben.

1 Sprich dir diese Wörter vor. Markiere das **ie**.

n~~ie~~	liegen	schief	Fliege	Kn~~ie~~
Wiese	biegen	Ziege	Riese	tief

2 Suche Reimpaare. Schreibe sie auf:

nie – Knie,

3 Sprich dir auch diese Wörter vor. Markiere das **ie**.

sieben	Tier	kriegen	Brief	viel	spielen
lieb	sie	wieder	vier	wie	siegen
Stiefel	zielen	riechen	Lied	frieren	fliegen

4 Schreibe die Wörter ab oder lass sie dir diktieren.

5 Schreibe Sätze auf, in denen Wörter mit **ie** vorkommen.

6 Sammelt weitere Wörter mit **ie**.

▶ Sprachbuch: Seite 52
⬇ Lernsoftware: Nr. 22

Richtig schreiben

Nachdenkwörter verlängern

Bei Nachdenkwörtern helfen Strategien und Regeln.

Strategie: Verlängern

Wenn du ein Wort verlängerst, weißt du, wie es am Ende geschrieben wird: Die**b** – Die**b**e, Kin**d** – Kin**d**er, klu**g** – klu**g**e

1 **d** oder **t** am Wortende? Schreibe wie im Beispiel.

 der Mun _d_ – die Mün _d_ er: der <u>Mund</u>

 die Han ___ – die Hän ___ e: die _____

 das Boo ___ – die Boo ___ e: das _____

 das Klei ___ – die Klei ___ er: das _____

2 **g** oder **k** am Wortende? Schreibe wie im Beispiel.

der Zwei _g_ – die Zwei _g_ e: der <u>Zweig</u>

schrä ___ – schrä ___ e: _____

star ___ – star ___ e: _____

der Ber ___ – die Ber ___ e: der _____

3 **b** oder **p** am Wortende? Schreibe wie im Beispiel.

das Sie _b_ – die Sie _b_ e: das <u>Sieb</u>

der Die ___ – die Die ___ e: der _____

der Ty ___ – die Ty ___ en: der _____

der Kor ___ – die Kör ___ e: der _____

4 Schreibe einige Sätze auf. Suche dir Satzanfänge aus.

Der Dieb …   Mein Freund …   Die Burg …   Dieser Tag …

Richtig schreiben

Nachdenkwörter mit ä ableiten

> Bei Nachdenkwörtern helfen Strategien und Regeln.

1 ä oder e?
Welche Bildwörter kann man von verwandten Wörtern mit **a** ableiten? Kreise sie ein.

   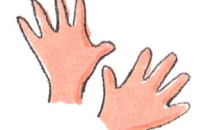  

2 Schreibe die Wörter mit **ä** wie im Beispiel auf:

Hähne – Hahn,

_____

_____

3 Immer zwei Verbformen gehören zusammen. Schreibe sie auf.

sie fährt	er hält	sie fängt	er wäscht	es fällt	es wächst
fangen	waschen	fahren	halten	fallen	wachsen

sie fährt – fahren,

_____

_____

4 Schreibe mit **ä**-Wörtern Sätze in dein Heft.

5 Überlegt euch zu diesen Wörtern verwandte Wörter mit **a**:

Jäger – jagen, . . .

| Jäger | älter | kämpfen | Häschen | schärfer | lächeln |

▶ Sprachbuch: Seite 55
⬇ Lernsoftware: Nr. 29–31

Richtig schreiben

Nachdenkwörter mit äu ableiten

Bei Nachdenkwörtern helfen Strategien und Regeln.

Strategie: Ableiten

äu oder **eu**?
Wenn es ein verwandtes Wort mit **au** gibt, schreibt man das Wort mit **äu**:
die H**äu**ser – das H**au**s, es s**äu**ft – s**au**fen

1 Immer zwei Wörter gehören zusammen.
Schreibe sie wie im Beispiel auf.

| Bäuche | Mäuse | Schläuche | Räume | säubern | Läuse |
| Raum | Maus | Bauch | Schlauch | Laus | sauber |

Bäuche – Bauch,

2 äu oder **eu**? Lest die Lückenwörter erst einmal gemeinsam.

die B____me   l____chten   er l____ft   n____n

h____len   die Z____ne   die H____ser   f____cht

3 Suche verwandte Wörter mit **au**. Schreibe dann **äu** oder **eu** in die Lücken.

4 Schreibe die Wörter mit **äu** wie im Beispiel auf:

Bäume – Baum,

5 Schreibe mit **äu**-Wörtern Sätze in dein Heft.

6 Überlegt euch verwandte Wörter mit **au**:
schäumen – Schaum , ...

| schäumen | träumen | der Käufer | aufräumen | der Räuber |

▶ Sprachbuch: Seite 56
⬇ Lernsoftware: Nr. 29–31

Richtig schreiben

Merkwörter kennenlernen

Strategie: Merken oder Nachschlagen

Bei manchen Wörtern
helfen Mitsprechen und Nachdenken nicht.
Du musst dir merken, wie die Wörter geschrieben werden.

1 Lies die Wörter.

Vater	Vogel	Vase	viel	November	vier	vor
Pullover	vom	von	nervös	voll	Vanille	

2 Schreibe die Wörter geordnet auf.

Wörter, in denen das **v** wie (**f**) klingt: _____

_____

Wörter, in denen das **v** wie (**w**) klingt: _____

_____

3 Schreibe die Wörter geordnet auf.

Leute	neu	Text	heute	neun	Hexe	Freund
extra	Feuer	freuen	boxen	teuer	Taxi	

Wörter mit **eu**: _____

_____

Wörter mit **x**: _____

_____

4 Schreibe Sätze, in denen Wörter mit **v/V**, **eu** oder **x** vorkommen.

5 Sammelt weitere Wörter mit **v/V**, **eu/Eu** und **x**.

▶ Sprachbuch: Seite 57
⬇ Lernsoftware: Nr. 33, 34

Richtig schreiben

Wörter großschreiben

Satzanfänge werden großgeschrieben.
Nomen werden großgeschrieben.

1 Lies den Text.

DIE PFERDE SIND AUFGEREGT.
SIE WOLLEN AUF DIE WEIDE.
DAS FOHLEN WIEHERT.

2 In jedem Satz gibt es ein Nomen. Markiere es.
Markiere dann auch die Satzanfänge.

3 Schreibe die Sätze richtig auf.

Die _____

_____

_____

4 Hier wurden alle Wörter kleingeschrieben.
Markiere die fünf (acht) Wörter,
die großgeschrieben werden müssen.

jetzt galoppieren die pferde los. die bäuerin schließt den zaun.
nur das pony will lieber sofort gras fressen.

5 Schreibe den Text richtig ab.

_____

_____

_____

_____

▶ Sprachbuch: Seite 58
↓ Lernsoftware: Nr. 37

Richtig schreiben

Partnerdiktat

1 Zwei Kinder arbeiten zusammen.
Lest euch zuerst den ganzen Text durch.

2 Dann lest Satz für Satz,
besprecht schwierige Stellen
und markiert sie.

Tipp

Wer diktiert,
passt auf, dass alles
richtig ist. Bei einem
Fehler sagt ihr: „Stopp!
Überlege noch mal!"

3 Ein Kind diktiert die Sätze,
das andere schreibt.
Wer schreibt, deckt den Text ab.

4 Danach diktiert das andere Kind.

Lesen

Am liebsten lese ich in meinem Zimmer.
Mein Bruder mag lustige Bücher.
Meine Mama liest gern die Zeitung.
Papa liebt Krimis.
Ich mag es, wenn Papa uns am Abend ein Buch vorliest.

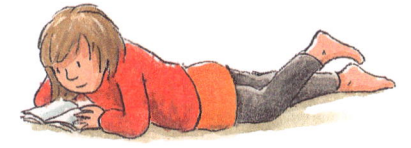

Richtig schreiben

Sätze abschreiben

1 Schreibe diesen Text Satz für Satz ab.
Setze immer einen Strich hinter den Teil,
den du dir merken willst.

Amelie baut einen Turm.

_____

Sie setzt dabei Stein auf Stein.

_____

Der Turm wird immer höher.

_____

Aber er wird auch wackeliger.

_____

Jetzt kommt noch das Dach oben drauf.

_____

_____

Doch da fällt der Turm um.

_____

Amelie lacht sich kaputt.

_____

2 Suche dir einen anderen Text aus. Schreibe ihn Satz für Satz ab.

Fehler finden mit der Rechtschreib-Lupe

Tipp

Vorwärts lesen:
- Satzanfänge großgeschrieben?
- Nomen großgeschrieben?

Rückwärts lesen, Wort für Wort:
- Sprich deutlich mit.
- Ist es ein Nachdenkwort? Das könnte dir helfen:
  - in Silben zerlegen,
  - auf lange und kurze Selbstlaute achten,
  - das Wort verlängern,
  - das Wort ableiten.

Fehler finden

1 Überarbeitet diesen Text mit der Rechtschreib-Lupe.
Markiert gemeinsam die sechs (zehn) Fehler.

Im Herbt basteln wir laternen. im Winter lese ich viele

Bucher. Im Frühling können wir endlich wider draußen

schpielen. Im Somer gehen wir oft ins Freibat.

Am besten gefellt es mir in den ferien.

2 Schreibe den Text richtig auf.

3 Schreibt eigene Sätze auf.
Kontrolliert sie gegenseitig mit der Rechtschreib-Lupe.

© Bildungshaus Schulbuchverlage

Richtig schreiben

▶ Sprachbuch: Seite 62
⤓ Lernsoftware: Nr. 38, 42

Werkstatt: Sprache untersuchen

Nomen zu einem Bild hinzufügen

Teile meines Körpers

1 Schreibe die Nomen an die richtige Stelle.

| Arm | Auge | Bein | Daumen | Finger | Fuß | Haare |
| Hals | Hand | Knie | Mund | Nase | Ohr | Zehen |

2 Vielleicht kennst du noch andere Nomen für Teile des Körpers. Schreibe sie in das Bild hinein.

▶ Sprachbuch: Seite 68, 74, 90

Sprache untersuchen

Nomen ordnen

Wörter wie **Kind**, **Katze**, **Baum**, **Haus** sind Nomen.
Nomen sind Wörter für Menschen, Tiere, Pflanzen und Dinge.

1 Trage die Wörter ein.

> Bleistift   Bruder   Freund   Käfer   Baum   Lehrerin
> Regenwurm   Rose   Schaufel   Schlange   Teller   Tomate

Nomen für Menschen

Bruder

_____

_____

Nomen für Tiere

_____

_____

_____

Nomen für Pflanzen

_____

_____

_____

Nomen für Dinge

_____

_____

_____

2 Schreibe Nomen auf.

Ich mag gern:

_____

_____

Ich mag nicht gern:

_____

_____

3 Welche dieser Wörter sind Nomen für Dinge? Schreibe sie auf.

> HAMMER TANTE ROSE TISCH FISCH KRAN SCHWESTER FLIEGE

_____

Sprache untersuchen

▶ Sprachbuch: Seite 67, 90
⬇ Lernsoftware: Nr. 39

Nomen großschreiben

Nomen sind die wichtigsten Wörter unserer Sprache.
Deswegen werden Nomen großgeschrieben.

1 Lies die Sätze und markiere die Nomen.

Tiere, Tiere!

HIER QUAKT EIN FROSCH,   Hier quakt ein Frosch   ,

DORT PIEPT EIN SPATZ,   dort piept   ,

UND IN DER SONNE   und

SCHLÄFT DIE KATZ.   _____   .

HIER KRÄHT DER HAHN,   Hier   ,

DORT BLÖKT EIN LAMM,   dort   ,

DAS FERKEL LEGT SICH   das

IN DEN SCHLAMM.   _____   .

2 Schreibe die Sätze auf. Schreibe die Nomen groß.

3 Setze die passenden Nomen ein, dann reimt es sich.

DACKEL	GANS	KUH	SCHWANZ

Hier muht die _____ , dort schnattert die _____ ,

der _____ wedelt mit dem _____ .

▶ Sprachbuch: Seite 68, 75
⭳ Lernsoftware: Nr. 42

Nomen am Artikel erkennen

Wörter wie **der**, **die**, **das** – **ein**, **eine** sind Artikel.
Vor Nomen kann man einen Artikel setzen.

1 Ordne die Wörter nach ihren Artikeln.

Apfelsaft   Brot   Eis   Käse   Limonade   Milch
Tee   Torte   Wasser   Müsli   Kakao   Wurst

Nomen mit **der**: der Apfelsaft, _____

Nomen mit **die**: _____

_____

Nomen mit **das**: _____

_____

2 Vor welche Wörter kannst du einen Artikel einsetzen? Markiere sie.

Dort hinten sitzt die _____

Dort hinten sitzt katze.

_____

Ihr schmeckt katzenfutter gut.

_____

Sie leckt sich maul.

_____

Nun legt sie sich in sonne.

3 Schreibe die Sätze auf. Füge immer den Artikel ein.
Die Nomen musst du großschreiben.

Sprache untersuchen

▶ Sprachbuch: Seite 69

Nomen in der Einzahl und Mehrzahl verwenden

Nomen können in der Einzahl stehen:
der Schwanz, die Pfote, das Ohr
Sie können in der Mehrzahl stehen:
die Schwänze, die Pfoten, die Ohren

In der Einzahl heißen die Wörter so:

Nomen mit **der:** Schnabel, Flügel
Nomen mit **die:** Pfote, Feder
Nomen mit **das:** Ohr, Maul

In der Mehrzahl sehen diese Wörter so aus:

Flügel	Federn	Mäuler	Ohren	Pfoten	Schnäbel

1 Schreibe die Nomen in der Einzahl und Mehrzahl auf:

Wörter mit **der:**

<u>der Schnabel</u>   die _____

_____   _____

Wörter mit **die:**

_____   _____

_____   _____

Wörter mit **das:**

_____   _____

_____   _____

Sprache untersuchen

▶ Sprachbuch: Seite 70, 142
⤓ Lernsoftware: Nr. 41

Nomen zusammensetzen

Merksatz

Mit **zusammengesetzten Nomen** kann man
genauer sagen, was gemeint ist:
Aus einem **Ball** wird dann genauer ein Fuß**ball** oder ein Hand**ball**.

1 Setze diese Nomen zusammen. Schreibe sie mit dem Artikel auf.

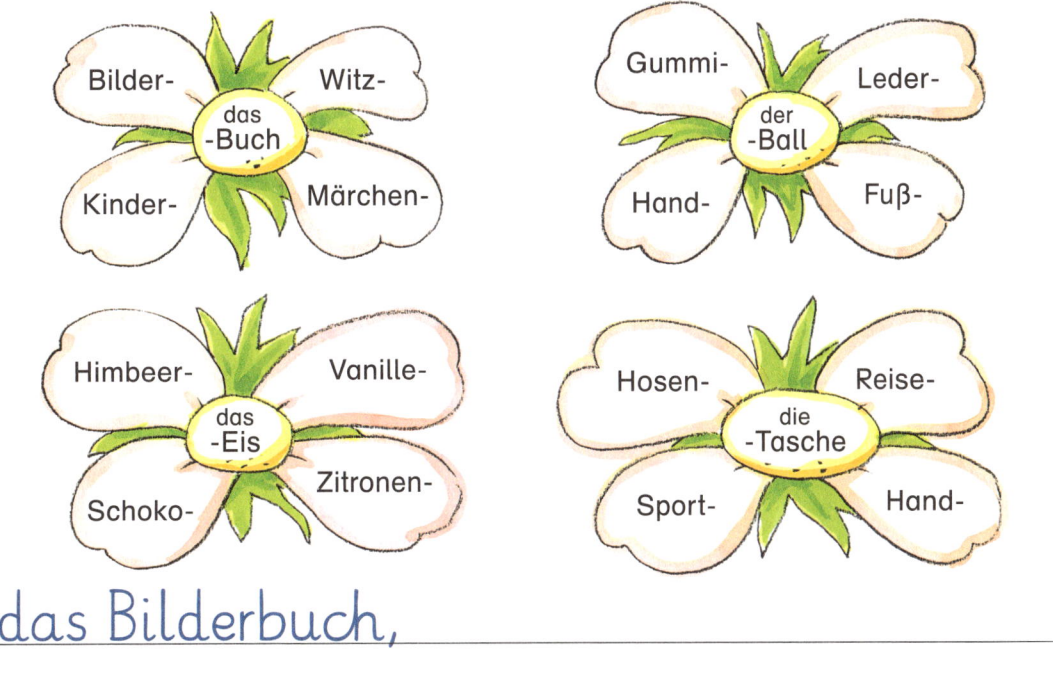

das Bilderbuch,

2 Welche zusammengesetzten Nomen fallen dir zu **Tür** ein?
Schreibe sie mit Artikel in dein Heft.

▶ Sprachbuch: Seite 71, 124, 126, 144
⤓ Lernsoftware: Nr. 40

Sprache untersuchen

Adjektive verwenden

Wörter wie **rot**, **schön**, **lustig** sind Adjektive.
Adjektive sagen genauer, wie etwas ist, wie es aussieht:
der **rote** Pulli, das **schöne** Haus, das **lustige** Mädchen.

1 Welche Adjektive passen zu welchen Nomen?
Suche die passenden aus und schreibe sie in die Zeilen.

die _____ Wiese   steile

der _____ Riese   grüne

der _____ Berg   starke

der _____ Zwerg   lange

der _____ Turm   kleine

der _____ Wurm   schiefe

die _____ Kuh   rote

der _____ Schuh   schwarze

das _____ Schwein   graue

der _____ Stein   rosa

▶ Sprachbuch: Seite 72, 97
⤓ Lernsoftware: Nr. 43, 44

Adjektive in Sätzen verwenden

1 Welche Adjektive passen zu welchen Nomen?
Suche dir die passenden aus und schreibe sie in die Zeilen.
Wenn du es richtig machst, dann reimt es sich.

alt   blau   bunt   grau   hell

kalt   schnell   schief   tief   wild

Der Himmel ist _____ .

Die Wolke ist _____ .

Ein Bäumchen steht _____ .

Der See ist _____ .

Sein Wasser ist _____ .

Das Haus ist schon _____ .

Die Sonne scheint _____ .

Ein Hund rennt _____ .

Er bellt wie _____ .

Schön _____ ist das Bild.

Sprache untersuchen

Adjektive in Texten erkennen und einsetzen

1 Unterstreiche die Adjektive in dem Text.
Sie stehen immer vor einem Nomen.

Anna hat ein schönes Bild gemalt mit einem grauen Elefanten.

Der hat einen langen Rüssel und riesige Ohren.

Er hat einen dünnen Schwanz.

Auf seinem Kopf sitzt ein bunter Papagei.

2 Beschreibe das Bild von Felix. Diese Adjektive helfen dir dabei:

dicken   rosa   sauber   schwarzes   weiße

Felix hat seinen _____ Kater gemalt.

Der hat ein _____ Fell

und _____ Flecken auf den Pfoten.

Er leckt sich mit der _____ Zunge

sein Fell _____ .

Verben erkennen

Merksatz

Mit **Verben** kann man sagen, was jemand **tut**.

1 Was tun die Personen? Ordne die Verben zu.

malen   verkaufen   arbeiten   jagen   backen   kochen

Koch: _____   Jägerin: _____

Malerin: _____   Bäcker: _____

Arbeiter: _____   Verkäufer: _____

2 Schreibe die Verben geordnet auf.

nachdenken   helfen   schaukeln   telefonieren

basteln   unterhalten

Das kann ich allein tun	Das kann ich nur mit anderen tun
_____	_____
_____	_____
_____	_____

3 Wähle für jeden Satz ein passendes Verb.

schreiben   spielen   lesen   singen

In der Schule _____ wir fast jeden Tag.

Außerdem _____ wir oft.

Wir _____ in der Musikstunde.

In der Pause wollen viele Kinder _____ .

Sprache untersuchen

▶ Sprachbuch: Seite 76, 99, 102, 106

Verbformen üben

1 Schreibe die Verbformen auf. Markiere die Endungen.

	sagen	rufen	gehen
ich	sage	rufe	gehe
du	sagst		
er, sie, es	sagt		
wir	sagen		
ihr	sagt		
sie	sagen		

2 Setze die passenden Verbformen ein.

Meine Katze Minka _liegt_ allein auf dem Sofa.
liegen

Unser Hund Bello _____ herein und _____
kommen   *bellen*

fröhlich. Ich _____ : „Still, Bello! Sonst
rufen

_____ du Minka!" Dann _____ Bello
stören   *springen*

neben Minka und die beiden Tiere _____ sich aneinander.
kuscheln

Minka _____ zufrieden.
schnurren

3 Diese Verben verändern sich in der gebeugten Form.
Setze die Verben passend ein.

~~nimmt~~   läuft   siehst   fährt

nehmen: er _nimmt_____   laufen: sie _____

fahren: sie _____   sehen: du _____

Verben in Sätzen verändern

Jedes Verb hat eine **Grundform**:
lesen, **geben**, **sprechen**, …
In Sätzen kommt aber meistens eine **gebeugte Form** vor:
Sie **liest** etwas vor. Ihr **gebt** mir etwas ab. Er **spricht** deutlich.

1 Setze die passenden Verben in die Sätze ein.

Ich _____ in meinem Lesebuch.　　　malt

Pauline neben mir _____ einen Frosch.　　　schreibt

Maxim _____ Wörter auf einen Zettel.　　　lese

Andere Kinder _____ ein Gedicht auswendig.　　　machen

Manche Kinder _____ etwas anderes.　　　lernen

2 Schreibe auf, was du gern tust und was du nicht so gern tust.

lachen　weinen　träumen　schreien　spielen　lügen　rechnen
schimpfen　singen　malen　schwimmen　turnen　toben

Ich lache gern. _____

_____

_____

_____

3 Schreibe zu jedem Verb die Grundform.

du gehst: _____　　ich schreibe: _____

er spricht: _____　　sie gibt: _____

▶ Sprachbuch: Seite 78, 99, 103
⬇ Lernsoftware: Nr. 46

Sprache untersuchen

Verben zu Wortfeldern ordnen

Verben, die etwas Ähnliches bedeuten,
gehören zu einem **Wortfeld**:
gehen, **laufen**, **rennen**, … oder: **sehen**, **gucken**, **beobachten**, …

1 Ordne die Verben in das richtige Wortfeld ein.

schmunzeln   brüllen   grinsen   rufen   lächeln   meckern   jammern
erklären   flüstern   kichern   schimpfen   erzählen   sagen

Wortfeld **lachen**: _schmunzeln,_ _____

_____

Wortfeld **sprechen**: _____

_____

_____

2 Setze passende Verben aus dem Wortfeld **sprechen** ein.

„Endlich ist Pause", _____ die Kinder und rennen auf

den Schulhof. Anton _____ die Spielregeln eines neuen

Spieles. Einige Mädchen spielen Fußball. Tina _____

laut: „Tor!" Maja schubst Dilan. Dilan _____ : „Hör auf, du

tust mir weh!" Eine Lehrerin _____ mit Maja.

Eric und Greta _____ leise miteinander.

Sie _____ sich ein Geheimnis.

3 Überlege dir Verben zu den Wortfeldern **essen** und **trinken**.
Schreibe sie geordnet in dein Heft.

▶ Sprachbuch: Seite 79
⬇ Lernsoftware: Nr. 47, 48

Sprache untersuchen

© Bildungshaus Schulbuchverlage

Verben mit Wortbausteinen verändern

Merksatz

Wortbausteine kann man **vorn**
an die Verben anfügen.
Durch Wortbausteine bekommen Verben **eine andere Bedeutung:**
schreiben, **auf**schreiben, **ver**schreiben

1 Verbinde die Wortbausteine mit dem Verb **stellen.**
Schreibe die zusammengesetzten Verben auf.

auf   ab   be

aus   stellen   hin

her

ver   vor

abstellen, _____

_____

_____

2 Setze die passenden Verben ein.

aufstellen – unterstellen – bestellen

Ich möchte mir eine Pizza Salami _____ .

Wir sollen uns zu zweit _____ .

Es regnet! Unter dem Dach können wir uns _____ .

passen – verpassen – aufpassen

Ich darf den Bus nicht schon wieder _____ !

Heute will ich in Mathe besonders gut _____ .

Diese Schuhe _____ mir nicht mehr.

Sprache untersuchen

Das Satzende erkennen – Punkte setzen

Wenn ein Satz zu Ende ist,
macht man beim Lesen eine Pause.
Am **Satzende** steht ein **Satzzeichen**.
Das **erste Wort** in einem Satz schreibt man **groß**.

1 Lest den Text. Macht Pausen, wo etwas Neues beginnt.

An ihrem Kopf haben Elefanten einen Rüssel Am Hals haben Pferde eine Mähne Auf ihrem Rücken haben Fische Flossen An ihrem Kinn haben Ziegen einen Bart Im Maul haben Tiger scharfe Zähne

2 Setze einen roten Punkt hinter jeden Satz. Es sind fünf Sätze.

3 Setze einen Punkt an jedes Satzende und markiere alle Satzanfänge. In jeder Zeile fehlen zwei Punkte.

ein Elefant spazierte am Strand da traf er einen anderen Elefanten

die beiden begrüßten sich sie trompeteten laut

4 Schreibe die Geschichte ab.
Schreibe das erste Wort in jedem Satz groß.

Ein Elefant _____

_____

_____

_____

_____

▶ Sprachbuch: Seite 82, 110
⬇ Lernsoftware: Nr. 51, 53

Sprache untersuchen

Sagen, fragen, ausrufen

Am **Ende** von Sätzen
können verschiedene **Satzzeichen** stehen:
- ein **Punkt,** wenn man einen Satz ganz normal spricht: .
- ein **Ausrufezeichen,** wenn man einen Satz laut ausruft: !
- ein **Fragezeichen,** wenn ein Satz als Frage gemeint ist: ?

Der Elefant und das Ferkel

1 Einmal traf das Ferkel einen Elefanten __.__

2 *Der Elefant fragte:* Was hast du denn für eine komische Nase __?__

3 *Das Ferkel rief:* Das ist doch mein Rüssel __!__

4 *Der Elefant lachte:* Das soll ein Rüssel sein ____

5 *Das Ferkel rief:* Ja, natürlich ____

6 *Dann fragte es:* Und was ist das für ein Schwanz an deinem Kopf ____

7 *Der Elefant sagte:* So sieht ein richtiger Rüssel aus ____

8 *Nun lachte das Ferkel:* Das ist aber ein komischer Rüssel ____

9 *Da fragte der Elefant:* Soll ich dir mal was zeigen ____

10 *Und dann rief er:* Pass auf ____

11 *Der Elefant packte das Ferkelchen mit seinem Rüssel* ____

12 *Dann hob er es auf seinen Rücken* ____

13 *Er fragte:* Gefällt es dir dort oben ____

14 *Das Ferkel schrie:* Lass mich bitte, bitte wieder runter ____

15 *Der Elefant fragte:* Habe ich einen Schwanz am Kopf oder nicht ____

16 *Da quiekte das Ferkel laut:* Nein, das ist ein Rüssel ____

17 Da setzte der Elefant das Ferkel wieder auf den Boden ____

18 Das Ferkel rannte ganz schnell davon ____

19 *Zu Hause aber rief es:* Aber mein Rüssel ist doch schöner ____

1 Setze hinter die Sätze Punkt, Ausrufezeichen oder Fragezeichen.

2 Übt, den Text vorzulesen.
Ihr könnt den Text auch zu dritt mit verteilten Rollen vorlesen.

▶ Sprachbuch: Seite 83, 107, 110
↓ Lernsoftware: Nr. 52

Sprache untersuchen

© Bildungshaus Schulbuchverlage

Was kann ich nun?

Tipp

Schau in den Lösungen nach,
ob du alles richtig gemacht hast.

Willst du wissen, was du gelernt hast?
Teste dich selbst und löse die Aufgaben.

Male nach jeder Aufgabe fünf Felder mit Punkten an.
Wenn du alle angemalt hast, steht auf jeder Seite ein Wort.

Werkstatt: Lernen

1 Ordne diese Wörter nach dem ABC:

Fuß   Kopf   Nase   Arm

_____   _____   _____   _____

2 Ordne nach dem zweiten Buchstaben:

Wind   Wolke   Wasser   Wetter

_____   _____   _____   _____

Werkstatt: Sprechen und Zuhören

3 Kreuze die richtigen Sätze an.

☐ Bei einem Vortrag schaue ich nur die Lehrerin an.
☐ Bei einem Vortrag nenne ich am Anfang das Thema.

☐ Bei einem Klassengespräch melde ich mich, wenn ich etwas sagen will.
☐ Bei einem Klassengespräch lasse ich die anderen nicht ausreden.

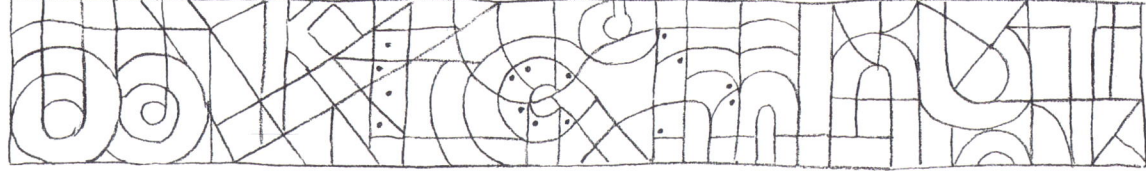

▶ Sprachbuch: Seite 15, 23

Werkstatt: Texte verfassen

1 Kreuze an, was richtig ist.

In einer Suchanzeige schreibe ich,

- ○ was ich suche.
- ○ wann ich Geburtstag habe.
- ○ wann ich es verloren habe.

2 In diesem Text stimmt etwas nicht. Suche die Stelle mit der roten Textlupe und markiere sie.

Hier stimmt etwas nicht.

In den Sommerferien besucht Anna ihre Großeltern. Sie wohnen auf einem Bauernhof und haben viele Tiere. Anna geht jeden Morgen in den Hühnerstall und füttert dort die Kühe. Das macht ihr großen Spaß.

Werkstatt: Richtig schreiben

3 Setze in die Tierwörter die fehlenden Selbstlaute ein.

F__sch   W__l   Fr__sch   Pf__rd   H__mm__l

4 Ordne die Wörter nach der Anzahl der Silben.

Wolke   Sturm   Gewitter   Eisregen   Donner   Wind

Wörter mit einer Silbe: _____

Wörter mit zwei Silben: _____

Wörter mit drei Silben: _____

5 Lies die Wörter. Kreise die Mitsprechwörter ein.

rot   orange   gelb   violett   blau   rosa

6 Das Wort **Sport** ist ein Nachdenkwort. Erkläre, warum.

_____

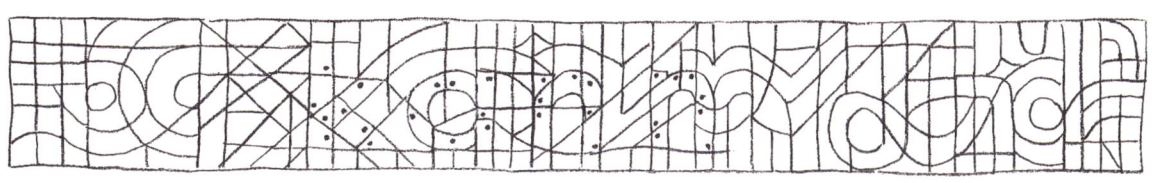

▶ Sprachbuch: Seite 41–43, 63–65

Was kann ich nun?

1 Schreibe unter jedes Bild das richtige Nachdenkwort.

 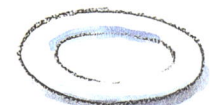  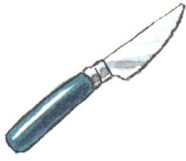

_____ _____ _____ _____

2 Setze den fehlenden Buchstaben ein.

g oder k?   d oder t?

der We___   das Hef___

die Ban___   der Stif___

der Ber___   die Han___

3 In jedem Satz hat sich ein Fehler versteckt. Unterstreiche ihn.
Schreibe die Sätze ohne Fehler auf.

Die Meuse knabbern. _____

Die Bletter rascheln. _____

Die Katze schleft. _____

4 Markiere die Wörter, die großgeschrieben werden müssen.

bald fangen die sommerferien an.

dann gehe ich sechs wochen nicht zur schule.

wer gießt unsere blumen im klassenzimmer?

5 Schreibe die Merkwörter unter die Bilder.

_____ _____ _____

© Bildungshaus Schulbuchverlage

▶ Sprachbuch: Seite 41–43,
63–65

Werkstatt: Sprache untersuchen

1 Markiere farbig: Nomen für Menschen, Nomen für Tiere,
Nomen für Pflanzen und Nomen für Dinge

Füller   Polizist   Maus   Rose   Kröte

Tante   Schwamm   Apfelbaum

2 Schreibe die Nomen   Schreibe die Nomen
in der Mehrzahl: in der Einzahl:

der Tag – _____   die Kinder – _____

das Auto – _____   die Straßen – _____

3 Ordne die Wörter den Wortarten zu.

groß   lachen   schnell   schreiben   rennen   leise   müde   spielen

Verben: _____

Adjektive: _____

4 Setze die Verben in der gebeugten Form ein.

schwimmen: ich _____   schlafen: ihr _____

lesen: er _____   lachen: du _____

5 Setze hinter die Sätze Punkt, Ausrufezeichen oder Fragezeichen.

Mats spielt mit Marie Tischtennis____

Marie ruft: Hurra, ich habe gewonnen____

Mats fragt: Spielen wir noch ein Spiel____

Marie antwortet: Klar, wenn du noch einmal verlieren willst____

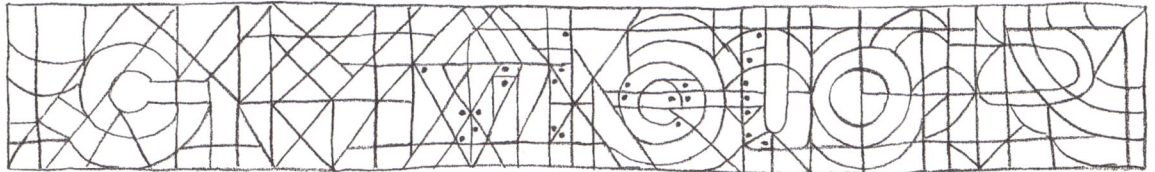

Was kann ich nun?

▶ Sprachbuch: Seite 85–87

Arbeitsplan

In diesem Plan kannst du aufschreiben, was du schon geübt hast und was du als Nächstes im Arbeitsheft machen willst.

Seite	Aufgabe	Wie?	Wann?	Erledigt	Kontrolliert
6	1	mit …	…	☺	✔
				○	
				○	
				○	
				○	
				○	
				○	
				○	
				○	
				○	
				○	
				○	
				○	
				○	
				○	
				○	
				○	

Seite	Aufgabe	Wie?	Wann?	Erledigt	Kontrolliert
				◯	
				◯	
				◯	
				◯	
				◯	
				◯	
				◯	
				◯	
				◯	
				◯	
				◯	
				◯	
				◯	
				◯	
				◯	
				◯	
				◯	
				◯	
				◯	
Seite	Aufgabe	Wie?	Wann?	Erledigt	Kontrolliert

Arbeitsplan

Seite	Aufgabe	Wie?	Wann?	Erledigt	Kontrolliert
				◯	
				◯	
				◯	
				◯	
				◯	
				◯	
				◯	
				◯	
				◯	
				◯	
				◯	
				◯	
				◯	
				◯	
				◯	
				◯	
				◯	
				◯	

Arbeitsplan

Pusteblume

Das Arbeitsheft 2

Lösungen

So kannst du dir dein eigenes Lösungsheft herstellen:

- die Seiten 71 bis 84 heraustrennen
- mit einem Heftstreifen zusammenheften
- einen guten Platz zum Aufbewahren suchen

– fertig!

Achtung!
Bei vielen Aufgaben gibt es mehrere richtige Lösungen.
Bei solchen Aufgaben schreibst du eigene Wörter oder Sätze.
Oder du wählst die Wörter aus, die dir am besten gefallen.
Deshalb gibt es auch nicht zu jeder Arbeitsheftseite
eine Lösungsseite.

Lösungen

Das ABC üben

1 In der **ABC**-Schlange fehlen einige Buchstaben.
Trage die fehlenden Buchstaben ein.

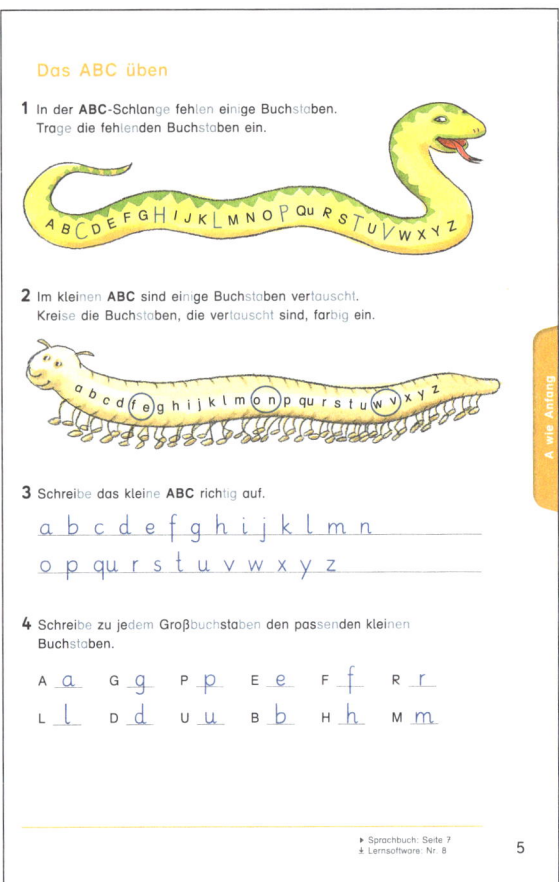

A B C D E F G H I J K L M N O P Qu R S T U V W X Y Z

2 Im kleinen **ABC** sind einige Buchstaben vertauscht.
Kreise die Buchstaben, die vertauscht sind, farbig ein.

a b c d f e g h i j k l m o n p q u r s t u w v x y z

3 Schreibe das kleine **ABC** richtig auf.

a b c d e f g h i j k l m n
o p qu r s t u v w x y z

4 Schreibe zu jedem Großbuchstaben den passenden kleinen
Buchstaben.

A a   G g   P p   E e   F f   R r

L l   D d   U u   B b   H h   M m

▶ Sprachbuch: Seite 7
✦ Lernsoftware: Nr. 8

5

Das ABC lernen

1 Lies die Buchstabenkästen.

| A B C D E | F und G und H | I J K und L |

| M N O P Qu | R und S und T | U V W und X | Y und Z |

2 Lies dir das Feen-ABC durch.

Feen-ABC

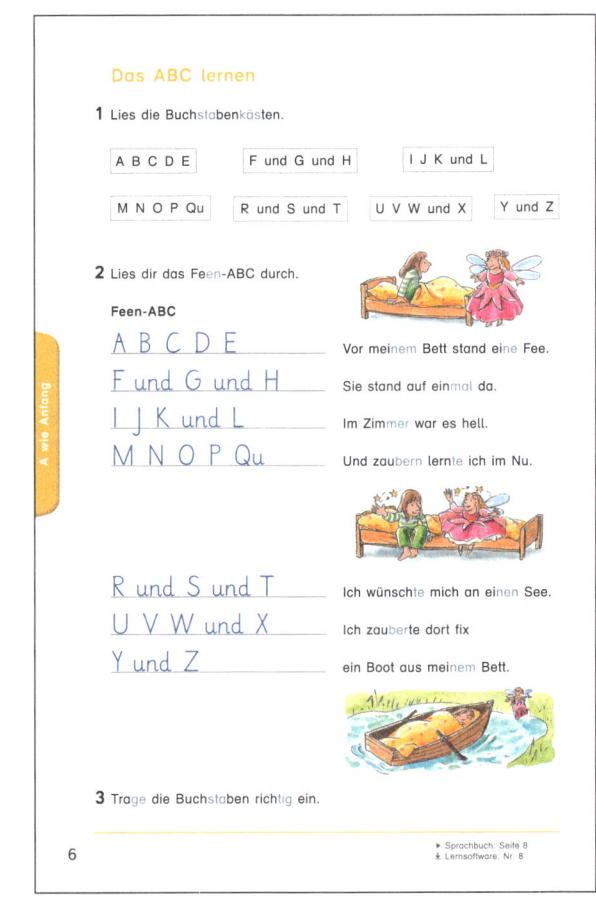

A B C D E — Vor meinem Bett stand eine Fee.

F und G und H — Sie stand auf einmal da.

I J K und L — Im Zimmer war es hell.

M N O P Qu — Und zaubern lernte ich im Nu.

R und S und T — Ich wünschte mich an einen See.

U V W und X — Ich zauberte dort fix

Y und Z — ein Boot aus meinem Bett.

3 Trage die Buchstaben richtig ein.

▶ Sprachbuch: Seite 8
✦ Lernsoftware: Nr. 8

6

Silben

Alle Wörter bestehen aus einer oder mehreren
Silben.
Die Silben kannst du hören, wenn du die Wörter deutlich sprichst.

Nase

1 Sprich die Wörter deutlich aus und klatsche die Silben dazu.

| Tafel | schreiben | Pinsel | Heft | melden |
| Pause | Lesebuch | malen | Schule | spielen |

2 Zeichne unter jede Silbe einen Silbenbogen: Tafel

3 Sprich dir jedes Wort deutlich vor.
Schreibe es in Silben auf.

| würzen | Gabel | trinken | Topf | Brotmesser |
| Pfanne | braten | Kochlöffel | schneiden | probieren |

wür – zen, Ga – bel, trin – ken, Topf,
Brot – mes – ser, Pfan – ne, bra – ten,
Koch – löf – fel, schnei – den, pro – bie – ren

4 Sammelt weitere Wörter mit einer Silbe.

▶ Sprachbuch: Seite 9

7

Werkstatt: Lernen

Wörter nach dem ABC ordnen 1

1 Ordne diese Tiernamen
richtig ein.

Fisch
Uhu
Yak
Dromedar
Igel
Otter
Qualle
Maus
Seehund

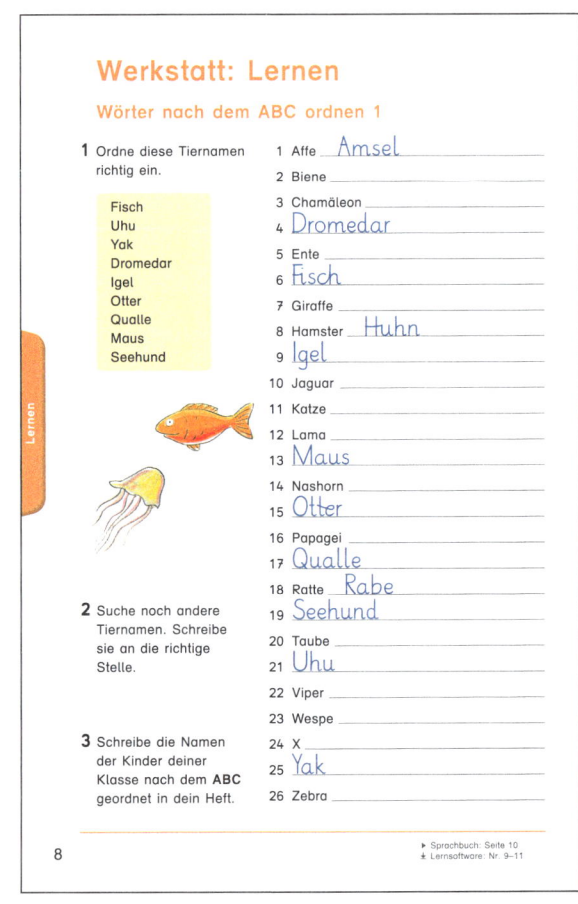

1 Affe   Amsel
2 Biene
3 Chamäleon
4 Dromedar
5 Ente
6 Fisch
7 Giraffe
8 Hamster   Huhn
9 Igel
10 Jaguar
11 Katze
12 Lama
13 Maus
14 Nashorn
15 Otter
16 Papagei
17 Qualle
18 Ratte   Rabe
19 Seehund
20 Taube
21 Uhu
22 Viper
23 Wespe
24 X
25 Yak
26 Zebra

2 Suche noch andere
Tiernamen. Schreibe
sie an die richtige
Stelle.

3 Schreibe die Namen
der Kinder deiner
Klasse nach dem **ABC**
geordnet in dein Heft.

▶ Sprachbuch: Seite 10
✦ Lernsoftware: Nr. 9–11

8

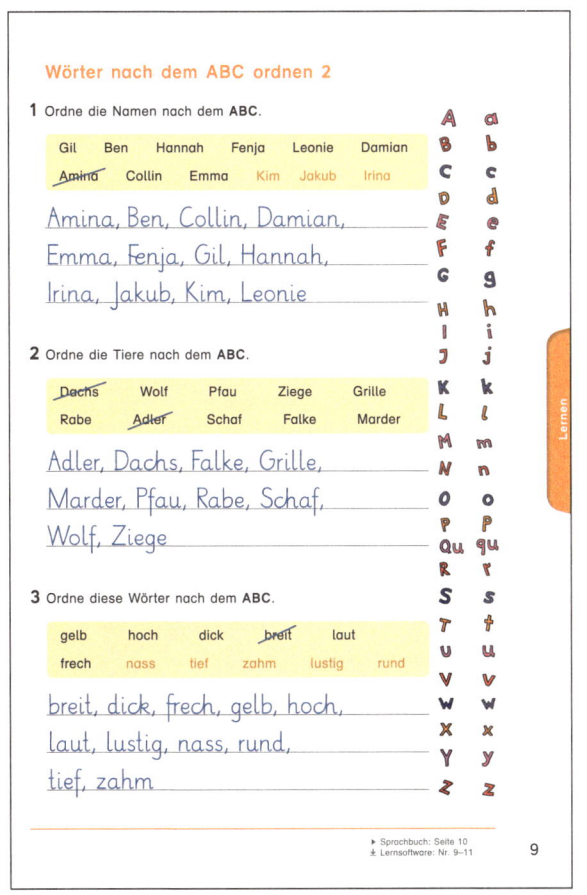

Wörter nach dem ABC ordnen 2

1 Ordne die Namen nach dem **ABC**.

Gil	Ben	Hannah	Fenja	Leonie	Damian
Amina	Collin	Emma	Kim	Jakub	Irina

Amina, Ben, Collin, Damian,
Emma, Fenja, Gil, Hannah,
Irina, Jakub, Kim, Leonie

2 Ordne die Tiere nach dem **ABC**.

Dachs	Wolf	Pfau	Ziege	Grille
Rabe	Adler	Schaf	Falke	Marder

Adler, Dachs, Falke, Grille,
Marder, Pfau, Rabe, Schaf,
Wolf, Ziege

3 Ordne diese Wörter nach dem **ABC**.

gelb	hoch	dick	breit	laut
frech	nass	tief	zahm	lustig	rund

breit, dick, frech, gelb, hoch,
laut, lustig, nass, rund,
tief, zahm

A B C D E F G H I J K L M N O P Qu R S T U V W X Y Z
a b c d e f g h i j k l m n o p qu r s t u v w x y z

Lernen

▶ Sprachbuch: Seite 10
⚡ Lernsoftware: Nr. 9–11

9

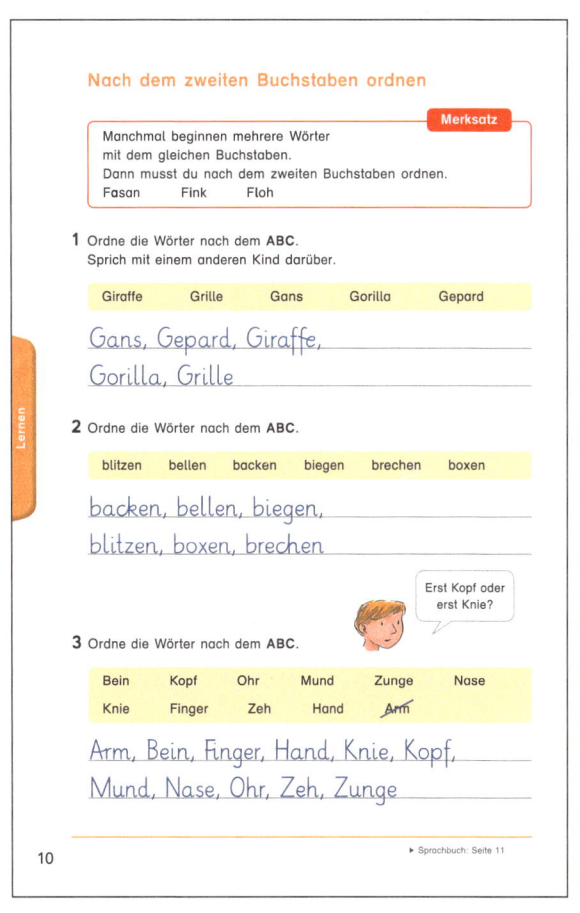

Nach dem zweiten Buchstaben ordnen

Merksatz

Manchmal beginnen mehrere Wörter
mit dem gleichen Buchstaben.
Dann musst du nach dem zweiten Buchstaben ordnen.
Fasan   Fink   Floh

1 Ordne die Wörter nach dem **ABC**.
Sprich mit einem anderen Kind darüber.

Giraffe	Grille	Gans	Gorilla	Gepard

Gans, Gepard, Giraffe,
Gorilla, Grille

2 Ordne die Wörter nach dem **ABC**.

blitzen	bellen	backen	biegen	brechen	boxen

backen, bellen, biegen,
blitzen, boxen, brechen

Erst Kopf oder
erst Knie?

3 Ordne die Wörter nach dem **ABC**.

Bein	Kopf	Ohr	Mund	Zunge	Nase
Knie	Finger	Zeh	Hand	Arm	

Arm, Bein, Finger, Hand, Knie, Kopf,
Mund, Nase, Ohr, Zeh, Zunge

Lernen

▶ Sprachbuch: Seite 11

10

Lösungen

Mit Textlupen Textstellen markieren

Diese Stelle
gefällt mir
besonders
gut.

Hier stimmt
etwas nicht.

Fehler finden

Bauen

Paul baut einen Turm.
Unten legt er zei (*zwei*) Bausteine hin.
Ganz vorsichtig stellt er drei Steine darauf.
Dann komen (*kommen*) quer zwei Steine.
Zum Schluss baut er den Keller.
Fertig ist sein Turm.

1 Warum sind im Text **Bauen** die Stellen so markiert?
Sprich mit einem anderen Kind darüber.

Meine Katze

Mein Hund hat ein weiches Fell.
Ich streichle sie kern (*gern*).
Meistens schnurrt sie dann.
Manchmal kann sie aber fauchen.
Dann lase (*lasse*) ich sie in Ruhe.

2 Markiere mit den Textlupen die Stellen,
die dir gut gefallen oder nicht stimmen.
In dem Text sind auch zwei Rechtschreib-Fehler!

Lernen

▶ Sprachbuch: Seite 12, 29

11

Werkstatt: Sprechen und Zuhören

Gesprächsregeln beachten 1

1 Schau dir das Bild an.

2 Überlege: Welche Kinder verhalten sich richtig, welche nicht?

Unsere Gesprächsregeln
1. Ich melde mich.
2. Ich spreche nur, wenn
   ich dran bin.
3. Ich bleibe beim Thema.
4. Ich höre aufmerksam
   zu.
5. Ich schaue das
   sprechende Kind an.

Löwen brauchen
viel Platz.

Thema: ZOO

Löwen fressen
Fleisch.

Wer spielt in
der Pause
mit mir?

3 Male die Kinder an, die sich richtig verhalten und sprich mit einem
anderen Kind darüber.

4 Schreibe eine Gesprächsregel auf, die in deiner Klasse gilt.

Sprechen und Zuhören

▶ Sprachbuch: Seite 16, 17

12

Über einen Vortrag sprechen 1

Leonie hat einen Vortrag über Eichhörnchen gehalten.

1 Lies, was die Kinder über Leonies Vortrag gesagt haben.

Mir hat gefallen, dass du uns am Ende Fragen gestellt hast.

Du hast fast alles auswendig erklärt.

Du hast meistens laut und deutlich gesprochen.

Mir hat nicht gut gefallen, dass du etwas vom Plakat abgelesen hast. Das konnte ich nicht gut verstehen.

Ich finde es gut, dass du Eicheln und Nüsse gezeigt hast.

Du hast fast immer zu Frau Schmidt geguckt.

Der Anfang war gut. Du hast das Thema genannt und gesagt, was du daran spannend findest.

Das Foto vom Eichhörnchen auf dem Plakat ist toll.

2 Schreibe einige Dinge auf, die Leonie gut gemacht hat.

Beispiele: Leonie hat fast alles auswendig erklärt.

Sie hat laut und deutlich gesprochen.

Sie hat den Kindern Fragen gestellt.

Sie hat Eicheln und Nüsse gezeigt.

Über einen Vortrag sprechen 2

Tipp

Diese Seite kannst du immer dann benutzen, wenn ein Kind einen Vortrag gehalten hat.

1 Diese Sätze kann man einem Kind nach einem Vortrag sagen. Lies sie dir durch.

Du hast am Anfang das Thema genannt.

Du hast deutlich gesprochen.

Du hast laut gesprochen.

Du hast nicht abgelesen.

Du hast uns beim Vortrag angeschaut.

Du hast uns Bilder gezeigt und erklärt.

Es hat mir gut gefallen, dass du …

Besonders gut beschrieben hast du …

Mir hat nicht so gut gefallen, wie du …

Ich habe einen Tipp für dich: …

2 Markiere die Sprechblasen farbig.
grün: Das hat dir am Vortrag gefallen
orange: Das hat dir nicht so gut gefallen

Eine Reihenfolge finden

1 Lest zu zweit die Sätze.

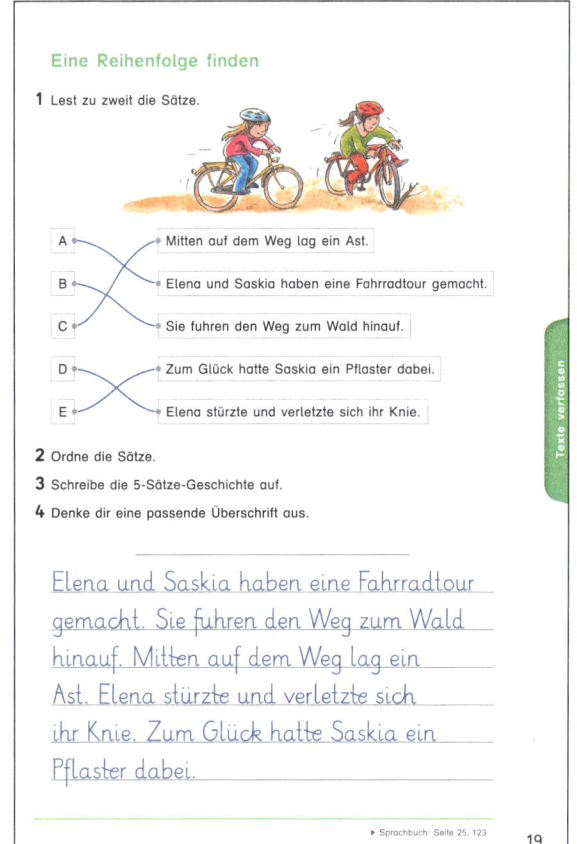

A — Mitten auf dem Weg lag ein Ast.

B — Elena und Saskia haben eine Fahrradtour gemacht.

C — Sie fuhren den Weg zum Wald hinauf.

D — Zum Glück hatte Saskia ein Pflaster dabei.

E — Elena stürzte und verletzte sich ihr Knie.

2 Ordne die Sätze.

3 Schreibe die 5-Sätze-Geschichte auf.

4 Denke dir eine passende Überschrift aus.

_____

Elena und Saskia haben eine Fahrradtour gemacht. Sie fuhren den Weg zum Wald hinauf. Mitten auf dem Weg lag ein Ast. Elena stürzte und verletzte sich ihr Knie. Zum Glück hatte Saskia ein Pflaster dabei.

5-Sätze-Geschichten schreiben

1 Lies die Satzanfänge und die Wörter am Rand.

1 Tim hatte gestern Geburtstag.

2 Am Nachmittag kamen viele Kinder.

3 Die Kinder aßen Muffins_____.

4 Dann suchten sie einen Schatz_____.

5 _____

Schatz

Muffins

2 Setze die passenden Wörter ein. Denke dir einen 5. Satz zu dieser Geschichte aus.

3 Schreibe zu einer dieser Überschriften eine 5-Sätze-Geschichte.

Im Schwimmbad   Ausgerutscht

Fieber   Verloren

_____

Es war sehr heiß.
Leo und Marie packten ihre Schwimmsachen ein.

_____

_____

_____

_____

4 Lest euch gegenseitig die 5-Sätze-Geschichten vor.

Einen Sachtext lesen, einen Steckbrief schreiben

1 Lies den Text genau.

Das Kaninchen

Das Tier hat ein weiches Fell. Es kann verschiedene Farben haben. Seine Ohren sind lang, sein Schwanz ist kurz und buschig. Es frisst gern Löwenzahn, Möhren, Äpfel und Heu. Es muss immer frisches Wasser trinken können. Das Tier fühlt sich am wohlsten, wenn es nicht allein leben muss. Die Tiere brauchen einen ausreichend großen Käfig. Sie haben aber auch sehr gern Auslauf in der Wohnung oder im Garten.

Meerschweinchen

Papagei

Kaninchen

Katze

2 Um welches Tier geht es?
Schreibe es als Überschrift auf.

3 Schreibe einen Steckbrief zu dem Tier. Markiere im Text die nötigen Informationen.

Beispiel:

So heißt das Tier: Kaninchen

So sieht es aus: weiches Fell, lange Ohren, kurzer und buschiger Schwanz

Das frisst es: Löwenzahn, Möhren, Äpfel, Heu

Das braucht es: frisches Wasser, großer Käfig, Auslauf in Wohnung oder im Garten

4 Schreibe einen Steckbrief für ein anderes Tier in dein Heft. Wenn dir Informationen fehlen, schau in einem Tierlexikon nach.

▸ Sprachbuch: Seite 37, 113, 145
✎ Lernsoftware: Nr. 3

24

Eine Suchanzeige schreiben

1 Schreibe Wörter auf, die die Gegenstände beschreiben.
Beispiele:

Rucksack	Sportbeutel	Kuschelhase
rot	schwarz-weiß	grau
weiße Punkte	gestreift	blaues Ohr
Dino-Anhänger	Fußballaufnäher	roter Schal

2 Schreibe eine Suchanzeige für einen Gegenstand aus Aufgabe 1.

Hilfe! Mein _____ ist verschwunden.

Seit gestern vermisse ich meinen _____

Er _____

_____

Außerdem hat er _____

Bitte melden bei:

_____

3 Lest euch gegenseitig eure Suchanzeigen vor.

▸ Sprachbuch: Seite 100

25

Texte mit Adjektiven interessanter machen

1 Lies den Text.
Beispiel:

Mein süßes _____ Meerschweinchen ist zwei Jahre alt.
kleines, dickes, süßes

Es heißt Berta.

Es hat ein braunes _____ Fell.
dickes, dünnes, braunes

Es hat kleine, runde _____ Öhrchen.
kleine, große, runde

Es quiekt fürchterlich _____ , wenn es Angst hat.
fürchterlich, laut, leise

Jeden Tag gebe ich ihm frischen _____ Salat.
grünen, frischen, leckeren

und sauberes _____ Wasser.
frisches, sauberes, kaltes

Es braucht einen großen _____ Käfig
großen, hellen, sicheren

und regelmäßig _____ Auslauf.
regelmäßig, manchmal, oft

2 Setze die Adjektive ein, die dir am besten gefallen.

3 Lest euch gegenseitig eure Texte vor.

4 Schreibe einen ähnlichen Text über ein anderes Tier in dein Heft.

▸ Sprachbuch: Seite 31
✎ Lernsoftware: Nr. 6

27

Überarbeiten: treffende Wörter finden 1

1 Spielt Pantomime: Ein Kind spielt ein Verb vor, die anderen raten.

stolpern	hüpfen	hasten	trippeln	spurten
schlendern	laufen	spazieren	stampfen	humpeln
rasen	rennen	flitzen	bummeln	eilen

2 In der Geschichte wiederholt sich das Verb **gehen**. Überlegt, welche Verben ihr statt **gehen** einsetzen könnt. Schreibt sie in die Zeilen.

Auf dem Schulhof Beispiel:

Alle Kinder rennen _____ in die Pause.
gehen

Ein Junge fällt hin und verletzt sich am Knie.

Er humpelt _____ langsam zur Aufsicht.
geht

Die Lehrerinnen schlendern _____ auf dem Schulhof hin und her.
gehen

Drei Kinder wollen um die Wette laufen _____ .
gehen

Sie stellen sich auf und flitzen _____ dann los.
gehen

Zwei Jungen haben es gar nicht eilig.

Sie bummeln _____ über den Schulhof.
gehen

Drei Kinder aus der ersten Klasse spielen ein Elefantenspiel.

Sie trompeten und stampfen _____ wie Elefanten.
gehen

Drei andere hüpfen _____ mit dem Seil.
gehen

3 Lest euch eure Geschichten gegenseitig vor. Welche Verben passen besonders gut?

▸ Sprachbuch: Seite 30

28

Überarbeiten: treffende Wörter finden 2

1 Lies die Geschichte.

Wiedergefunden Beispiel:

Ich wollte mit meinem ferngesteuerten Auto spielen.

Da Leider ____ konnte ich es gar nicht finden.

Da Deshalb ____ habe ich überall in meinem Zimmer gesucht.

Und da Dann ____ wurde ich richtig wütend.

Da Plötzlich ____ ist mir aber mein Bruder eingefallen.

Und da Schnell ____ bin ich in sein Zimmer gegangen.

Da Dort ____ stand das Auto unter seinem Tisch.

Typisch mein Bruder.

2 In dieser Geschichte beginnen fast alle Sätze mit **da** oder **und da**.
Das klingt nicht immer gut. Einige Sätze kannst du verändern.
Schreibe dafür andere Wörter an die Satzanfänge.
Probiere verschiedene Möglichkeiten aus.

dort leider aber dann

deshalb plötzlich schnell

3 Lest euch gegenseitig eure Geschichten vor.

Texte verfassen

▸ Sprachbuch: Seite 123
✢ Lernsoftware: Nr. 7

29

Werkstatt: Richtig schreiben

Selbstlaute und Mitlaute unterscheiden

> **Merksatz**
> **a, e, i, o, u** heißen Selbstlaute (Vokale).
> Zu den Selbstlauten gehören auch die Umlaute ä, ö, ü.
> Die anderen Buchstaben heißen Mitlaute (Konsonanten).

1 Kreise alle Selbstlaute im ABC rot ein.

Ⓐ B C D Ⓔ F G H Ⓘ J K L M
N Ⓞ P Qu R S T Ⓤ V W X Y Z

2 Schreibe die Selbstlaute aus dem ABC so auf: A – a, E – ...

A – a, E – e, I – i, O – o, U – u

3 Wie heißen die Umlaute? ä, ö, ü

4 Setze die fehlenden Selbstlaute ein.

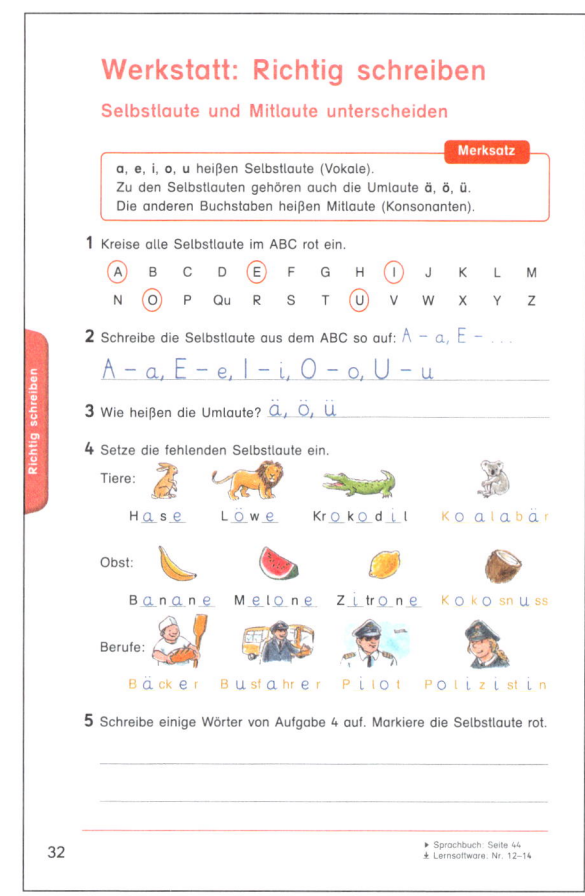

Tiere: H a s e   L ö w e   Kr o k o d i l   K o a l a b ä r

Obst: B a n a n e   M e l o n e   Z i t r o n e   K o k o s n u s s

Berufe: B ä c k e r   B u s f a h r e r   P i l o t   P o l i z i s t i n

5 Schreibe einige Wörter von Aufgabe 4 auf. Markiere die Selbstlaute rot.

____
____

Richtig schreiben

▸ Sprachbuch: Seite 44
✢ Lernsoftware: Nr. 12–14

32

Mitsprechwörter schreiben

> **Strategie: Mitsprechen**
> Bei manchen Wörtern hilft es,
> wenn du das Wort beim Schreiben deutlich mitsprichst.
> Dann kannst du alle Buchstaben des Wortes hören.
> Solche Wörter werden **Mitsprechwörter** genannt.

1 Sprich diese Bildwörter deutlich aus.

2 Alle Bildwörter in Aufgabe 1 sind **Mitsprechwörter**.
Schreibe die Wörter auf. Sprich beim Schreiben jeden Buchstaben leise mit.

Kamel, Salat, Nase, Lampe, Tomate,
Krokodil, Telefon, Hose

3 Warum sind diese Wörter keine **Mitsprechwörter**? Erkläre.

Beispiele:
Vogel: Das V klingt wie F. Man kann den
Unterschied nicht hören.

Mehl: Man kann nicht hören, dass Mehl
mit h geschrieben wird.

4 Lies die Wörter. Es gibt sechs **Mitsprechwörter**.
Unterstreiche sie.

Schafe Qualle Sofa Ufo

Brot Blume Himmel Zaun

Richtig schreiben

▸ Sprachbuch: Seite 45

33

Wörter in Silben zerlegen

> **Strategie: In Silben zerlegen**
> Jedes Wort besteht aus ein,
> zwei oder mehreren Silben.
> Die Silben kannst du hören und klatschen.
> In jeder Silbe gibt es genau einen Selbstlaut.
> Ba na ne

1 Lies die Wörter und klatsche die Silben.

| Tafel | Heft | Lesebuch | Schere | Tisch | Kalender | Foto |
| Bücher | Buntstift | Stundenplan | Stuhl | Lineal | Füller |

2 Verbinde die Bilder mit den richtigen Silbenbögen.
Für zwei Bilder sind keine Silbenbögen gemalt.

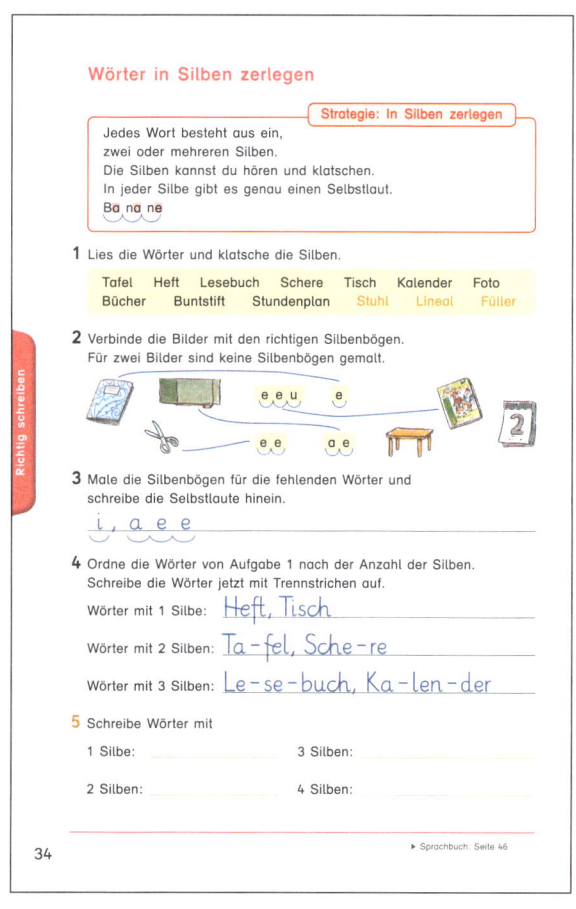

e e u e

e e a e

3 Male die Silbenbögen für die fehlenden Wörter und
schreibe die Selbstlaute hinein.

i , a e e

4 Ordne die Wörter von Aufgabe 1 nach der Anzahl der Silben.
Schreibe die Wörter jetzt mit Trennstrichen auf.

Wörter mit 1 Silbe: Heft, Tisch

Wörter mit 2 Silben: Ta-fel, Sche-re

Wörter mit 3 Silben: Le-se-buch, Ka-len-der

5 Schreibe Wörter mit

1 Silbe: ____ 3 Silben: ____

2 Silben: ____ 4 Silben: ____

Richtig schreiben

▸ Sprachbuch: Seite 46

34

Nachdenkwörter mit qu/Qu, sp/Sp, st/St schreiben

> Bei Nachdenkwörtern helfen Strategien und Regeln.

Merksatz
Manche Wörter spricht man am Wortanfang mit [kw] aus.
Man schreibt sie aber mit **Qu/qu**.

| Quallen | Quark | quaken | quietschen | Quadrat |

1 Setze die qu-Wörter in die Lücken ein:

a. Lisa isst den Quark am liebsten mit Obst.

b. Im Meer schwimmen Quallen .

c. Im Teich quaken vier grüne Frösche.

d. Die Bremsen quietschen laut.

e. Ich zeichne mit dem Lineal ein Quadrat .

Merksatz
Manche Wörter spricht man am Wortanfang mit [scht] oder [schp] aus.
Man schreibt sie aber mit **St/st** oder **Sp/sp**.

| Spinne | Straße | spielen | stechen | stark | Spaß | Stiefel |
| Sprudel | Sport | stumm | stolz | sportlich | Spagetti | Streit |

2 Schreibe die Wörter geordnet auf:

St/st: Straße, stechen, stark, Stiefel, stumm, stolz, Streit

Sp/sp: Spinne, spielen, Spaß, Sprudel, Sport, sportlich, Spagetti

▶ Sprachbuch: Seite 47
⬇ Lernsoftware: Nr. 32

Richtig schreiben

35

Selbstlaute unterschiedlich sprechen

Bei diesen Bildwörtern kann man die Selbstlaute (Vokale) beim Zuhören gut erkennen, weil sie deutlich gesprochen werden.

1 Sprecht euch die Bildwörter gegenseitig vor und achtet auf die 1. Silbe.

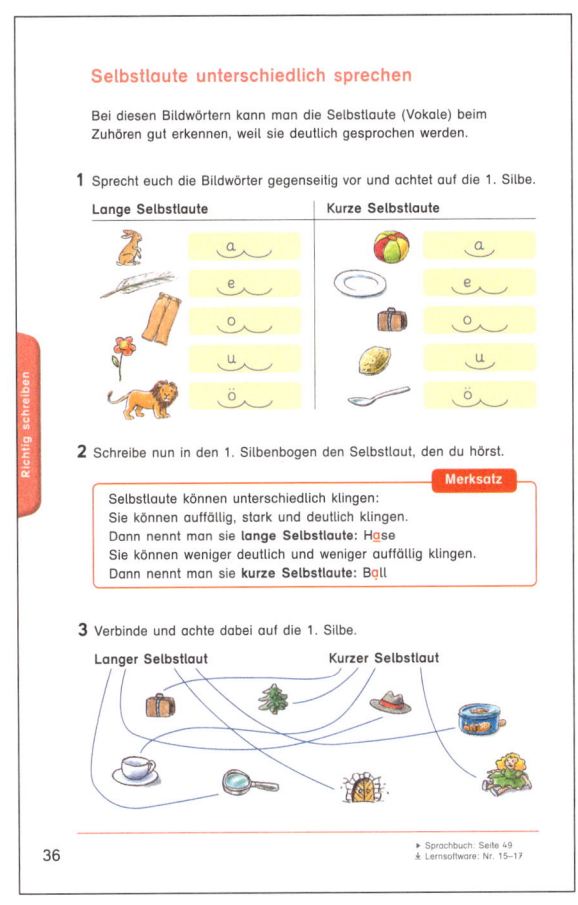

| Lange Selbstlaute | Kurze Selbstlaute |

2 Schreibe nun in den 1. Silbenbogen den Selbstlaut, den du hörst.

Merksatz
Selbstlaute können unterschiedlich klingen:
Sie können auffällig, stark und deutlich klingen.
Dann nennt man sie **lange Selbstlaute**: Hase
Sie können weniger deutlich und weniger auffällig klingen.
Dann nennt man sie **kurze Selbstlaute**: Ball

3 Verbinde und achte dabei auf die 1. Silbe.

Langer Selbstlaut   Kurzer Selbstlaut

▶ Sprachbuch: Seite 49
⬇ Lernsoftware: Nr. 15–17

Richtig schreiben

36

Lange und kurze Selbstlaute unterscheiden

1 Lest die Wörter und sprecht sie deutlich aus.

Wörter mit einem langen Selbstlaut: Blumen
Wörter mit einem kurzen Selbstlaut: Mutter

| Mutter – Blumen | Affen – Kater | Brote – Koffer |
| Segel – Sessel | Tasse – Tafel | Wagen – Watte |

2 Schreibe die Wörter geordnet auf.

Wörter mit **langem Selbstlaut**	Wörter mit **kurzem Selbstlaut**
Blumen	Mutter
Segel	Sessel
Kater	Affen
Tafel	Tasse
Brote	Koffer
Wagen	Watte

3 Setze die Wörter von oben in die Lücken ein.

a. Ich schenke meiner Mutter einen Strauß Blumen .

b. Im Urwald klettern die Affen in den Bäumen herum.

c. Vor dem Urlaub packe ich meinen Koffer .

d. Der Bäcker backt knusprige Brote .

e. Der Wagen hat vier Räder und kann fahren.

f. In der Tasse ist heißer Tee.

4 Markiere die Selbstlaute. Setze Punkte unter die kurzen Selbstlaute und Striche unter die langen Selbstlaute.

▶ Sprachbuch: Seite 49, 50
⬇ Lernsoftware: Nr. 15–17

37

Nachdenkwörter mit doppelten Mitlauten

Merksatz
Auf einen langen Selbstlaut folgt nur ein Mitlaut: raten
Auf einen kurzen Selbstlaut folgen mindestens zwei Mitlaute:
Weste, Wette

1 Lies die Wörter. Sprich sie in Silben und klatsche dazu.

| Wette | Wippe | Keller | Butter | Hummer | Welle |

2 Schreibe die Wörter mit Trennstrichen auf.
Markiere den Selbstlaut in der ersten Silbe rot.

Wet-te, Wip-pe, Kel-ler, But-ter, Hum-mer, Wel-le

3 Lies die Wörter. Sprich sie in Silben und klatsche dazu.
Markiere den Selbstlaut in der ersten Silbe rot.

| Teller | Lippe | Kette | Mutter | Quelle | Kummer |

4 Suche zu jedem Wort aus Aufgabe 1 das passende Reimwort in Aufgabe 3.

Wet-te und Ket-te, Wip-pe und Lip-pe, Kel-ler und Tel-ler, But-ter und Mut-ter, Hum-mer und Kum-mer, Wel-le und Quel-le

5 Schreibe die Verben in der Er-Form auf.
Markiere den Selbstlaut in der ersten Silbe rot.

rennen: er rennt   kennen: er kennt

wippen: er wippt   kippen: er kippt

schütteln: er schüttelt   rütteln: er rüttelt

▶ Sprachbuch: Seite 51
⬇ Lernsoftware: Nr. 18–21

Richtig schreiben

38

Nachdenkwörter mit ie schreiben

Bei Nachdenkwörtern helfen Strategien und Regeln.

Strategie: Auf den Selbstlaut achten
Wenn du in einem Wort ein langes und deutliches i hörst, wird es meist mit ie geschrieben.

1 Sprich dir diese Wörter vor. Markiere das **ie**.

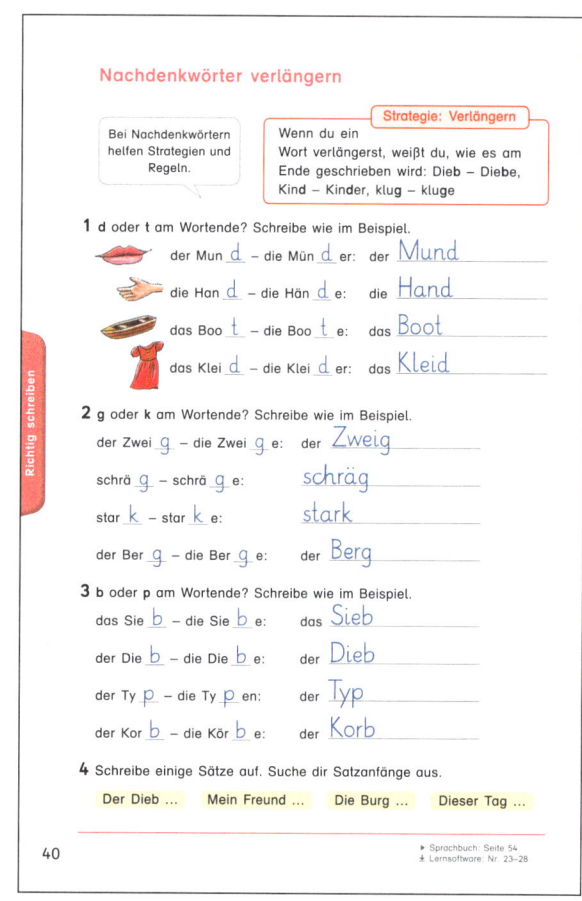

nie	liegen	schief	Fliege	Knie
Wiese	biegen	Ziege	Riese	tief

2 Suche Reimpaare. Schreibe sie auf:

nie – Knie, liegen – biegen, schief – tief,
Fliege – Ziege, Wiese – Riese

3 Sprich dir auch diese Wörter vor. Markiere das **ie**.

sieben	Tier	kriegen	Brief	viel	spielen
lieb	sie	wieder	vier	wie	siegen
Stiefel	zielen	riechen	Lied	frieren	fliegen

4 Schreibe die Wörter ab oder lass sie dir diktieren.

5 Schreibe Sätze auf, in denen Wörter mit **ie** vorkommen.

6 Sammelt weitere Wörter mit **ie**.

▶ Sprachbuch: Seite 52
Lernsoftware: Nr. 22

39

Nachdenkwörter verlängern

Bei Nachdenkwörtern helfen Strategien und Regeln.

Strategie: Verlängern
Wenn du ein Wort verlängerst, weißt du, wie es am Ende geschrieben wird: Dieb – Diebe, Kind – Kinder, klug – kluge

1 d oder t am Wortende? Schreibe wie im Beispiel.

der Mun **d** – die Mün **d** er: der Mund
die Han **d** – die Hän **d** e: die Hand
das Boo **t** – die Boo **t** e: das Boot
das Klei **d** – die Klei **d** er: das Kleid

2 g oder k am Wortende? Schreibe wie im Beispiel.

der Zwei **g** – die Zwei **g** e: der Zweig
schrä **g** – schrä **g** e: schräg
star **k** – star **k** e: stark
der Ber **g** – die Ber **g** e: der Berg

3 b oder p am Wortende? Schreibe wie im Beispiel.

das Sie **b** – die Sie **b** e: das Sieb
der Die **b** – die Die **b** e: der Dieb
der Ty **p** – die Ty **p** en: der Typ
der Kor **b** – die Kör **b** e: der Korb

4 Schreibe einige Sätze auf. Suche dir Satzanfänge aus.

| Der Dieb … | Mein Freund … | Die Burg … | Dieser Tag … |

40

▶ Sprachbuch: Seite 54
Lernsoftware: Nr. 23–28

Nachdenkwörter mit ä ableiten

Bei Nachdenkwörtern helfen Strategien und Regeln.

Strategie: Ableiten
ä oder e?
Wenn es ein verwandtes Wort mit a gibt, schreibt man das Wort fast immer mit ä: die Bänke – die Bank, es trägt – tragen

1 ä oder e?
Welche Bildwörter kann man von verwandten Wörtern mit a ableiten? Kreise sie ein.

2 Schreibe die Wörter mit ä wie im Beispiel auf:

Hähne – Hahn, Bänke – Bank,
Dächer – Dach, Hände – Hand,
Gläser – Glas, Bälle – Ball

3 Immer zwei Verbformen gehören zusammen. Schreibe sie auf.

sie fährt	er hält	sie fängt	er wäscht	es fällt	es wächst
fangen	waschen	fahren	halten	fallen	wachsen

sie fährt – fahren, er hält – halten,
sie fängt – fangen, er wäscht – waschen,
es fällt – fallen, es wächst – wachsen

4 Schreibe mit ä-Wörtern Sätze in dein Heft.

5 Überlegt euch zu diesen Wörtern verwandte Wörter mit **a**.   Beispiele:
Jäger – jagen, … älter – alt, kämpfen – Kampf,
Häschen – Hase, schärfer – scharf, lächeln – lachen

| Jäger | älter | kämpfen | Häschen | schärfer | lächeln |

41

▶ Sprachbuch: Seite 55
Lernsoftware: Nr. 29–31

Nachdenkwörter mit äu ableiten

Bei Nachdenkwörtern helfen Strategien und Regeln.

Strategie: Ableiten
äu oder eu?
Wenn es ein verwandtes Wort mit au gibt, schreibt man das Wort mit äu: die Häuser – das Haus, es säuft – saufen

1 Immer zwei Wörter gehören zusammen. Schreibe sie wie im Beispiel auf.

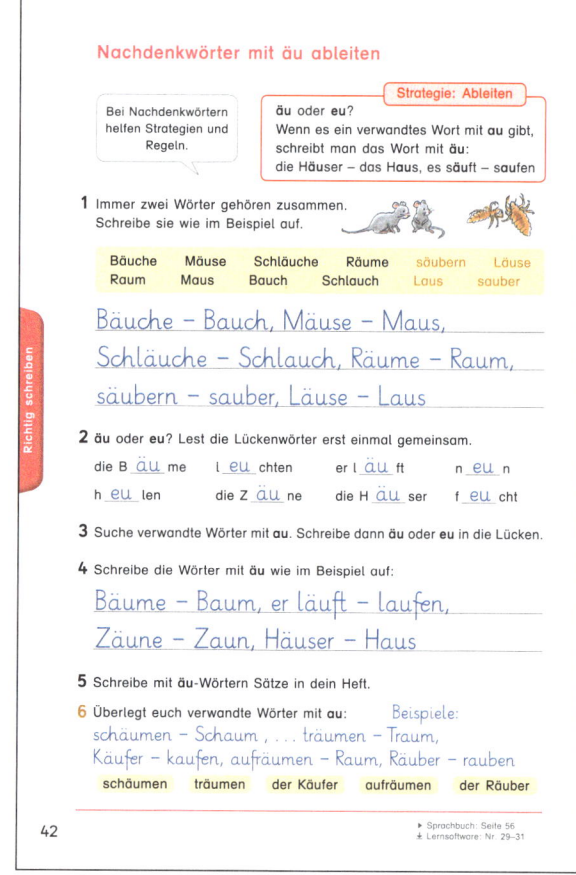

Bäuche	Mäuse	Schläuche	Räume	säubern	Läuse
Raum	Maus	Bauch	Schlauch	Laus	sauber

Bäuche – Bauch, Mäuse – Maus,
Schläuche – Schlauch, Räume – Raum,
säubern – sauber, Läuse – Laus

2 äu oder eu? Lest die Lückenwörter erst einmal gemeinsam.

die B **äu** me   l **eu** chten   er l **äu** ft   n **eu** n
h **eu** len   die Z **äu** ne   die H **äu** ser   f **eu** cht

3 Suche verwandte Wörter mit **au**. Schreibe dann **äu** oder **eu** in die Lücken.

4 Schreibe die Wörter mit äu wie im Beispiel auf:

Bäume – Baum, er läuft – laufen,
Zäune – Zaun, Häuser – Haus

5 Schreibe mit äu-Wörtern Sätze in dein Heft.

6 Überlegt euch verwandte Wörter mit **au**.   Beispiele:
schäumen – Schaum , … träumen – Traum,
Käufer – kaufen, aufräumen – Raum, Räuber – rauben

| schäumen | träumen | der Käufer | aufräumen | der Räuber |

42

▶ Sprachbuch: Seite 56
Lernsoftware: Nr. 29–31

Merkwörter kennenlernen

Strategie: Merken oder Nachschlagen

Bei manchen Wörtern
helfen Mitsprechen und Nachdenken nicht.
Du musst dir merken, wie die Wörter geschrieben werden.

1 Lies die Wörter.

Vater	Vogel	Vase	viel	November	vier	vor
Pullover	vom	von	nervös	voll	Vanille	

2 Schreibe die Wörter geordnet auf.

Wörter, in denen das v wie [f] klingt: Vater, Vogel,
viel, vor, vom, von, voll

Wörter, in denen das v wie [w] klingt: Vase, November,
Pullover, nervös, Vanille

3 Schreibe die Wörter geordnet auf.

Leute	neu	Text	heute	neun	Hexe	Freund
extra	Feuer	freuen	boxen	teuer	Taxi	

Wörter mit **eu**: Leute, neu, heute, neun,
Freund, Feuer, freuen, teuer

Wörter mit **x**: Text, Hexe, extra, boxen, Taxi

4 Schreibe Sätze, in denen Wörter mit **v/V**, **eu** oder **x** vorkommen.

5 Sammelt weitere Wörter mit **v/V**, **eu/Eu** und **x**.

▸ Sprachbuch: Seite 57
± Lernsoftware: Nr. 33, 34

Richtig schreiben

43

Wörter großschreiben

Merksatz

Satzanfänge werden großgeschrieben.
Nomen werden großgeschrieben.

1 Lies den Text.

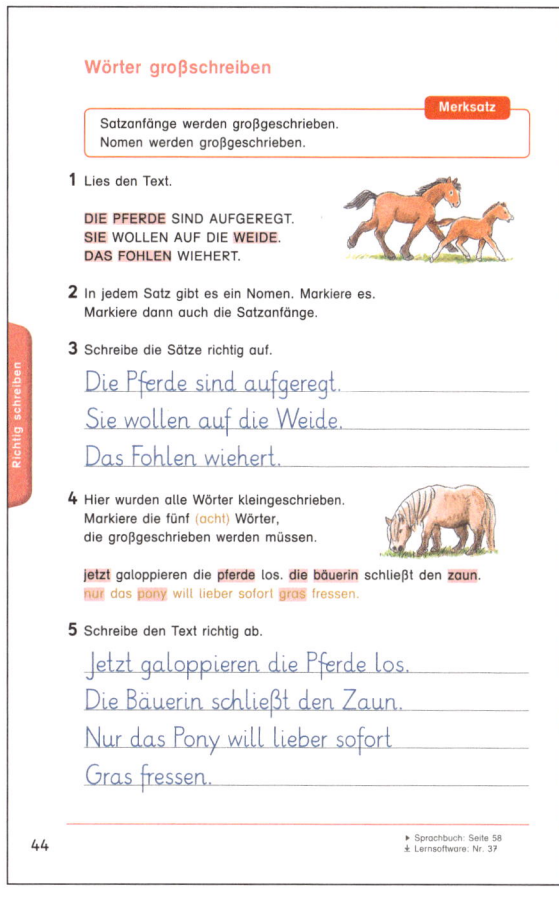

DIE PFERDE SIND AUFGEREGT.
SIE WOLLEN AUF DIE **WEIDE**.
DAS FOHLEN WIEHERT.

2 In jedem Satz gibt es ein Nomen. Markiere es.
Markiere dann auch die Satzanfänge.

3 Schreibe die Sätze richtig auf.

Die Pferde sind aufgeregt.
Sie wollen auf die Weide.
Das Fohlen wiehert.

4 Hier wurden alle Wörter kleingeschrieben.
Markiere die fünf (acht) Wörter,
die großgeschrieben werden müssen.

jetzt galoppieren die pferde los. die bäuerin schließt den zaun.
nur das pony will lieber sofort gras fressen.

5 Schreibe den Text richtig ab.

Jetzt galoppieren die Pferde los.
Die Bäuerin schließt den Zaun.
Nur das Pony will lieber sofort
Gras fressen.

Richtig schreiben

44

▸ Sprachbuch: Seite 58
± Lernsoftware: Nr. 37

Fehler finden mit der Rechtschreib-Lupe

Tipp

Vorwärts lesen:
• Satzanfänge großgeschrieben?
• Nomen großgeschrieben?
Rückwärts lesen, Wort für Wort:
• Sprich deutlich mit.
• Ist es ein Nachdenkwort? Das könnte dir helfen:
  – in Silben zerlegen,
  – auf lange und kurze Selbstlaute achten,
  – das Wort verlängern,
  – das Wort ableiten.

Fehler finden

1 Überarbeitet diesen Text mit der Rechtschreib-Lupe.
Markiert gemeinsam die sechs (zehn) Fehler.

Im Herbt basteln wir laternen. im Winter lese ich viele
Bucher. Im Frühling können wir endlich wider draußen
schpielen. Im Somer gehen wir oft ins Freibat.
Am besten gefellt es mir in den ferien.

2 Schreibe den Text richtig auf.

Im Herbst basteln wir Laternen.
Im Winter lese ich viele Bücher.
Im Frühling können wir endlich wieder
draußen spielen. Im Sommer gehen wir
oft ins Freibad. Am besten gefällt es
mir in den Ferien.

3 Schreibt eigene Sätze auf.
Kontrolliert sie gegenseitig mit der Rechtschreib-Lupe.

Richtig schreiben

▸ Sprachbuch: Seite 62
± Lernsoftware: Nr. 38, 42

47

Werkstatt: Sprache untersuchen

Nomen zu einem Bild hinzufügen

Teile meines Körpers

1 Schreibe die Nomen an die richtige Stelle.

Arm	Auge	Bein	Daumen	Finger	Fuß	Haare
Hals	Hand	Knie	Mund	Nase	Ohr	Zehen

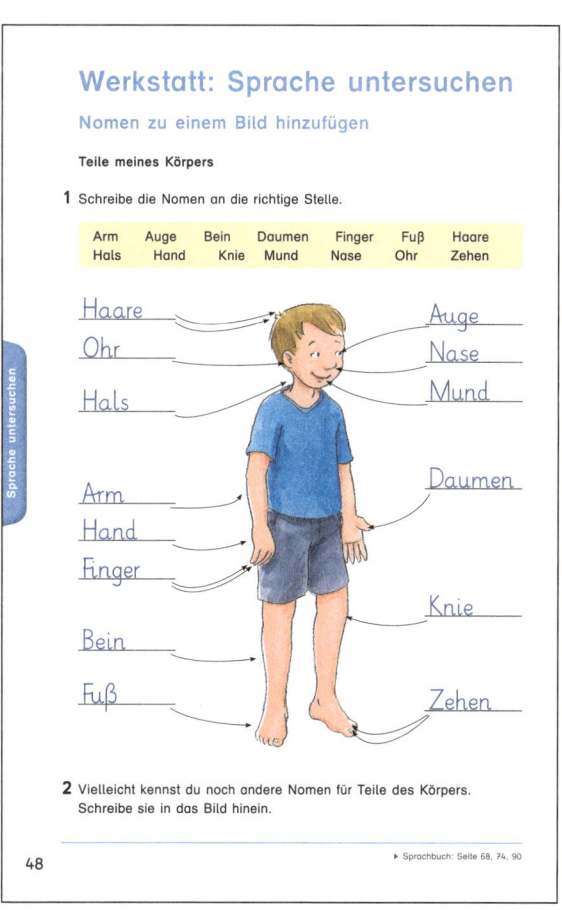

Haare
Ohr
Hals
Arm
Hand
Finger
Bein
Fuß

Auge
Nase
Mund
Daumen
Knie
Zehen

2 Vielleicht kennst du noch andere Nomen für Teile des Körpers.
Schreibe sie in das Bild hinein.

Sprache untersuchen

48

▸ Sprachbuch: Seite 68, 74, 90

Lösungen

Nomen ordnen

Wörter wie **Kind, Katze, Baum, Haus** sind Nomen.
Nomen sind Wörter für Menschen, Tiere, Pflanzen und Dinge.

1 Trage die Wörter ein.

Bleistift   Bruder   Freund   Käfer   Baum   Lehrerin
Regenwurm   Rose   Schaufel   Schlange   Teller   Tomate

Nomen für Menschen	Nomen für Tiere
Bruder	Käfer
Freund	Regenwurm
Lehrerin	Schlange

Nomen für Pflanzen	Nomen für Dinge
Baum	Bleistift
Rose	Schaufel
Tomate	Teller

2 Schreibe Nomen auf.

Ich mag gern:	Ich mag nicht gern:

3 Welche dieser Wörter sind Nomen für Dinge? Schreibe sie auf.

HAMMER TANTE ROSE TISCH FISCH KRAN SCHWESTER FLIEGE

▸ Sprachbuch: Seite 67, 90
± Lernsoftware: Nr. 39

Sprache untersuchen

49

Nomen großschreiben

Nomen sind die wichtigsten Wörter unserer Sprache.
Deswegen werden Nomen großgeschrieben.

1 Lies die Sätze und markiere die Nomen.

Tiere, Tiere!

HIER QUAKT EIN **FROSCH**,   Hier quakt ein Frosch,

DORT PIEPT EIN **SPATZ**,   dort piept ein Spatz,

UND IN DER **SONNE**   und in der Sonne

SCHLÄFT DIE **KATZ**.   schläft die Katz.

HIER KRÄHT DER **HAHN**,   Hier kräht der Hahn,

DORT BLÖKT EIN **LAMM**,   dort blökt ein Lamm,

DAS **FERKEL** LEGT SICH   das Ferkel legt sich

IN DEN **SCHLAMM**.   in den Schlamm.

2 Schreibe die Sätze auf. Schreibe die Nomen groß.

3 Setze die passenden Nomen ein, dann reimt es sich.

DACKEL   GANS   KUH   SCHWANZ

Hier muht die Kuh, dort schnattert die Gans,

der Dackel wedelt mit dem Schwanz.

▸ Sprachbuch: Seite 68, 75
± Lernsoftware: Nr. 42

Sprache untersuchen

50

Nomen am Artikel erkennen

Wörter wie **der, die, das – ein, eine** sind Artikel.
Vor Nomen kann man einen Artikel setzen.

1 Ordne die Wörter nach ihren Artikeln.

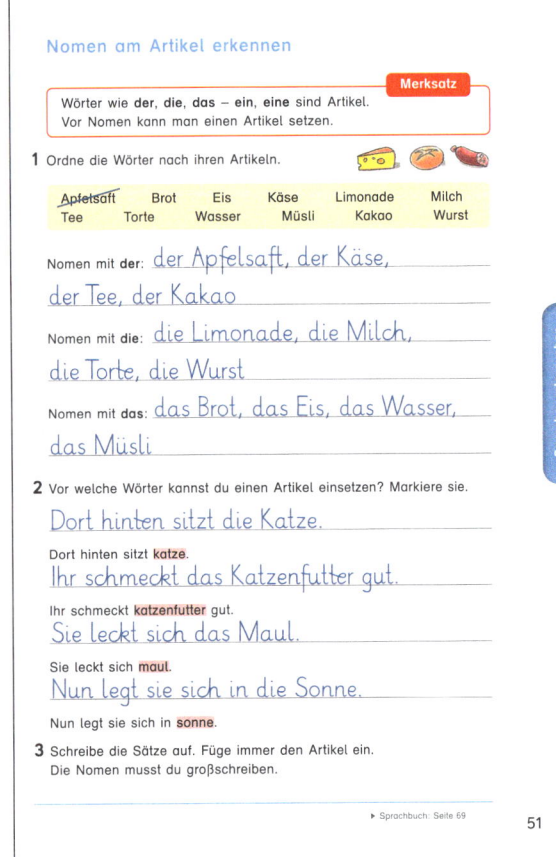

Apfelsaft   Brot   Eis   Käse   Limonade   Milch
Tee   Torte   Wasser   Müsli   Kakao   Wurst

Nomen mit **der**: der Apfelsaft, der Käse, der Tee, der Kakao

Nomen mit **die**: die Limonade, die Milch, die Torte, die Wurst

Nomen mit **das**: das Brot, das Eis, das Wasser, das Müsli

2 Vor welche Wörter kannst du einen Artikel einsetzen? Markiere sie.

Dort hinten sitzt die Katze.

Dort hinten sitzt **katze**.

Ihr schmeckt das Katzenfutter gut.

Ihr schmeckt **katzenfutter** gut.

Sie leckt sich das Maul.

Sie leckt sich **maul**.

Nun legt sie sich in die Sonne.

Nun legt sie sich in **sonne**.

3 Schreibe die Sätze auf. Füge immer den Artikel ein.
Die Nomen musst du großschreiben.

▸ Sprachbuch: Seite 69

Sprache untersuchen

51

Nomen in der Einzahl und Mehrzahl verwenden

Nomen können in der Einzahl stehen:
der Schwanz, die Pfote, das Ohr
Sie können in der Mehrzahl stehen:
die Schwänze, die Pfoten, die Ohren

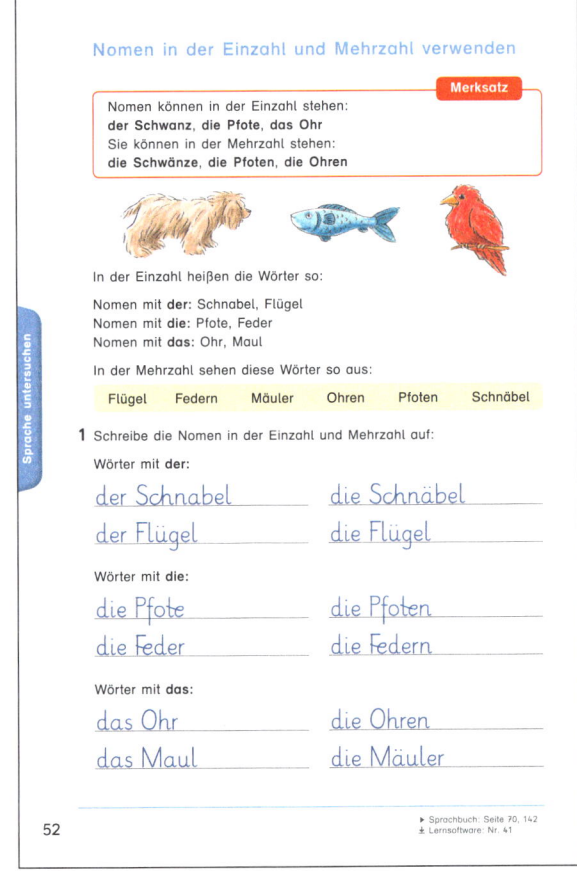

In der Einzahl heißen die Wörter so:

Nomen mit **der**: Schnabel, Flügel
Nomen mit **die**: Pfote, Feder
Nomen mit **das**: Ohr, Maul

In der Mehrzahl sehen diese Wörter so aus:

Flügel   Federn   Mäuler   Ohren   Pfoten   Schnäbel

1 Schreibe die Nomen in der Einzahl und Mehrzahl auf:

Wörter mit **der**:

der Schnabel	die Schnäbel
der Flügel	die Flügel

Wörter mit **die**:

die Pfote	die Pfoten
die Feder	die Federn

Wörter mit **das**:

das Ohr	die Ohren
das Maul	die Mäuler

▸ Sprachbuch: Seite 70, 142
± Lernsoftware: Nr. 41

Sprache untersuchen

52

Nomen zusammensetzen

Merksatz

Mit **zusammengesetzten Nomen** kann man **genauer** sagen, was gemeint ist:
Aus einem **Ball** wird dann genauer ein Fuß**ball** oder ein Hand**ball**.

1 Setze diese Nomen zusammen. Schreibe sie mit dem Artikel auf.

das Bilderbuch, das Witzbuch,
das Kinderbuch, das Märchenbuch,
der Gummiball, der Lederball,
der Handball, der Fußball,
das Himbeereis, das Vanilleeis,
das Schokoeis, das Zitroneneis,
die Hosentasche, die Reisetasche,
die Sporttasche, die Handtasche

2 Welche zusammengesetzten Nomen fallen dir zu **Tür** ein?
Schreibe sie mit Artikel in dein Heft.

▸ Sprachbuch: Seite 71, 124, 126, 144
± Lernsoftware: Nr. 40

53

Adjektive verwenden

Merksatz

Wörter wie **rot**, **schön**, **lustig** sind Adjektive.
Adjektive sagen genauer, wie etwas ist, wie es aussieht:
der **rote** Pulli, das **schöne** Haus, das **lustige** Mädchen.

1 Welche Adjektive passen zu welchen Nomen?
Suche die passenden aus und schreibe sie in die Zeilen.

die	grüne		Wiese	steile
der	starke		Riese	grüne
der	steile		Berg	starke
der	kleine		Zwerg	lange
der	schiefe		Turm	kleine
der	lange		Wurm	schiefe
die	schwarze		Kuh	rote
der	rote		Schuh	schwarze
das	rosa		Schwein	graue
der	graue		Stein	rosa

▸ Sprachbuch: Seite 72, 97
± Lernsoftware: Nr. 43, 44

54

Adjektive in Sätzen verwenden

1 Welche Adjektive passen zu welchen Nomen?
Suche dir die passenden aus und schreibe sie in die Zeilen.
Wenn du es richtig machst, dann reimt es sich.

alt   blau   bunt   grau   hell
kalt   schnell   schief   tief   wild

Der Himmel ist **blau** .
Die Wolke ist **grau** .
Ein Bäumchen steht **schief** .
Der See ist **tief** .
Sein Wasser ist **kalt** .
Das Haus ist schon **alt** .
Die Sonne scheint **hell** .
Ein Hund rennt **schnell** .
Er bellt wie **wild** .
Schön **bunt** ist das Bild.

▸ Sprachbuch: Seite 73, 97
± Lernsoftware: Nr. 45

55

Adjektive in Texten erkennen und einsetzen

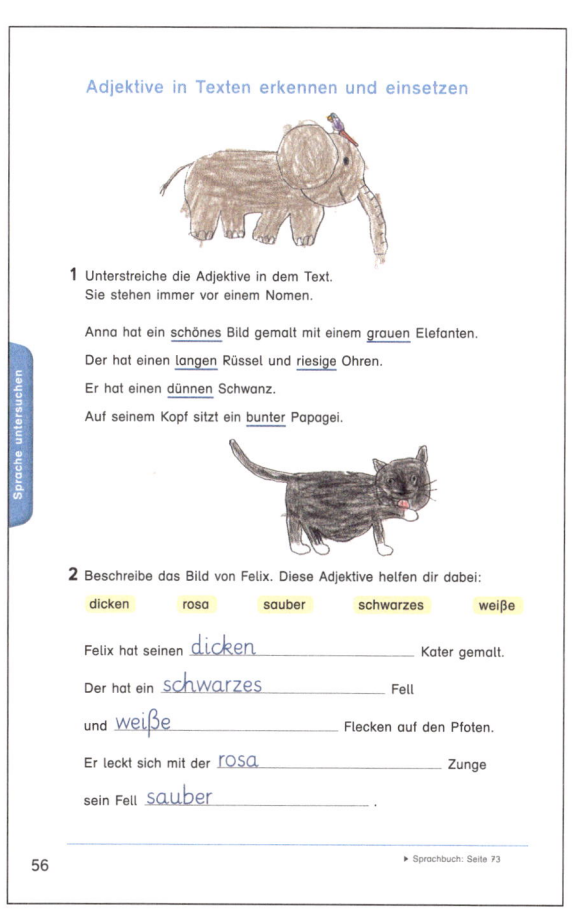

1 Unterstreiche die Adjektive in dem Text.
Sie stehen immer vor einem Nomen.

Anna hat ein <u>schönes</u> Bild gemalt mit einem <u>grauen</u> Elefanten.
Der hat einen <u>langen</u> Rüssel und <u>riesige</u> Ohren.
Er hat einen <u>dünnen</u> Schwanz.
Auf seinem Kopf sitzt ein <u>bunter</u> Papagei.

2 Beschreibe das Bild von Felix. Diese Adjektive helfen dir dabei:

dicken   rosa   sauber   schwarzes   weiße

Felix hat seinen **dicken** Kater gemalt.
Der hat ein **schwarzes** Fell
und **weiße** Flecken auf den Pfoten.
Er leckt sich mit der **rosa** Zunge
sein Fell **sauber** .

▸ Sprachbuch: Seite 73

56

Verben erkennen

Merksatz

Mit **Verben** kann man sagen, was jemand **tut**.

1 Was tun die Personen? Ordne die Verben zu.

malen verkaufen arbeiten jagen backen kochen

Koch: kochen   Jägerin: jagen

Malerin: malen   Bäcker: backen

Arbeiter: arbeiten   Verkäufer: verkaufen

2 Schreibe die Verben geordnet auf.

nachdenken helfen schaukeln telefonieren
basteln unterhalten

Das kann ich allein tun	Das kann ich nur mit anderen tun
nachdenken	helfen
schaukeln	telefonieren
basteln	unterhalten

3 Wähle für jeden Satz ein passendes Verb.

schreiben spielen lesen singen

In der Schule schreiben / lesen wir fast jeden Tag.

Außerdem schreiben / lesen wir oft.

Wir singen in der Musikstunde.

In der Pause wollen viele Kinder spielen.

▶ Sprachbuch: Seite 76, 99, 102, 106

57

Verbformen üben

1 Schreibe die Verbformen auf. Markiere die Endungen.

	sagen	rufen	gehen
ich	sage	rufe	gehe
du	sagst	rufst	gehst
er, sie, es	sagt	ruft	geht
wir	sagen	rufen	gehen
ihr	sagt	ruft	geht
sie	sagen	rufen	gehen

2 Setze die passenden Verbformen ein.

Meine Katze Minka liegt (liegen) allein auf dem Sofa.

Unser Hund Bello kommt (kommen) herein und bellt (bellen) fröhlich. Ich rufe (rufen): „Still, Bello! Sonst störst (stören) du Minka!" Dann springt (springen) Bella neben Minka und die beiden Tiere kuscheln (kuscheln) sich aneinander.

Minka schnurrt (schnurren) zufrieden.

3 Diese Verben verändern sich in der gebeugten Form. Setze die Verben passend ein.

nimmt läuft siehst fährt

nehmen: er nimmt   laufen: sie läuft

fahren: sie fährt   sehen: du siehst

58

▶ Sprachbuch: Seite 77, 99
± Lernsoftware: Nr. 46

Verben in Sätzen verändern

Merksatz

Jedes Verb hat eine **Grundform**:
lesen, geben, sprechen, ...
In Sätzen kommt aber meistens eine **gebeugte Form** vor:
Sie **liest** etwas vor. Ihr **gebt** mir etwas ab. Er **spricht** deutlich.

1 Setze die passenden Verben in die Sätze ein.

Ich lese in meinem Lesebuch.   malt

Pauline neben mir malt einen Frosch.   schreibt

Maxim schreibt Wörter auf einen Zettel.   lese

Andere Kinder lernen ein Gedicht auswendig.   machen

Manche Kinder machen etwas anderes.   lernen

2 Schreibe auf, was du gern tust und was du nicht so gern tust.

lachen weinen träumen schreien spielen lügen rechnen
schimpfen singen malen schwimmen turnen toben

Beispiele:
Ich lache gern.

Ich weine nicht gern.

Ich träume gern.

Ich schimpfe nicht gern.

3 Schreibe zu jedem Verb die Grundform.

du gehst: gehen   ich schreibe: schreiben

er spricht: sprechen   sie gibt: geben

▶ Sprachbuch: Seite 78, 99, 103
± Lernsoftware: Nr. 46

59

Verben zu Wortfeldern ordnen

Merksatz

Verben, die etwas Ähnliches bedeuten, gehören zu einem **Wortfeld**:
gehen, laufen, rennen, ... oder: **sehen, gucken, beobachten**, ...

1 Ordne die Verben in das richtige Wortfeld ein.

schmunzeln brüllen grinsen rufen lächeln meckern jammern
erklären flüstern kichern schimpfen erzählen sagen

Wortfeld **lachen**: schmunzeln, grinsen, lächeln, kichern

Wortfeld **sprechen**: brüllen, rufen, meckern, jammern, erklären, flüstern, schimpfen, erzählen, sagen

2 Setze passende Verben aus dem Wortfeld **sprechen** ein.

„Endlich ist Pause", rufen die Kinder und rennen auf den Schulhof. Anton erklärt die Spielregeln eines neuen Spieles. Einige Mädchen spielen Fußball. Tina schreit laut: „Tor!" Maja schubst Dilan. Dilan brüllt: „Hör auf, du tust mir weh!" Eine Lehrerin schimpft mit Maja.

Eric und Greta flüstern leise miteinander.

Sie erzählen sich ein Geheimnis.

3 Überlege dir Verben zu den Wortfeldern **essen** und **trinken**. Schreibe sie geordnet in dein Heft.

60

▶ Sprachbuch: Seite 79
± Lernsoftware: Nr. 47, 48

Verben mit Wortbausteinen verändern

Merksatz

Wortbausteine kann man **vorn**
an die Verben anfügen.
Durch Wortbausteine bekommen Verben **eine andere Bedeutung**:
schreiben, **auf**schreiben, **ver**schreiben

1 Verbinde die Wortbausteine mit dem Verb **stellen**.
Schreibe die zusammengesetzten Verben auf.

aus · auf · her · ver · stellen · ab · vor · be · hin

abstellen, ausstellen, herstellen,
aufstellen, verstellen, vorstellen,
bestellen, hinstellen

2 Setze die passenden Verben ein.

aufstellen – unterstellen – bestellen

Ich möchte mir eine Pizza Salami *bestellen* .

Wir sollen uns zu zweit *aufstellen* .

Es regnet! Unter dem Dach können wir uns *unterstellen* .

passen – verpassen – aufpassen

Ich darf den Bus nicht schon wieder *verpassen* !

Heute will ich in Mathe besonders gut *aufpassen* .

Diese Schuhe *passen* mir nicht mehr.

▸ Sprachbuch: Seite 80, 122
± Lernsoftware: Nr. 49

61

Sprache untersuchen

Das Satzende erkennen – Punkte setzen

Merksatz

Wenn ein Satz zu Ende ist,
macht man beim Lesen eine Pause.
Am **Satzende** steht ein **Satzzeichen**.
Das **erste Wort** in einem Satz schreibt man **groß**.

1 Lest den Text. Macht Pausen, wo etwas Neues beginnt.

An ihrem Kopf haben Elefanten einen Rüssel• Am Hals
haben Pferde eine Mähne• Auf ihrem Rücken haben Fische
Flossen• An ihrem Kinn haben Ziegen einen Bart• Im Maul
haben Tiger scharfe Zähne•

2 Setze einen roten Punkt hinter jeden Satz. Es sind fünf Sätze.

3 Setze einen Punkt an jedes Satzende und markiere alle Satzanfänge.
In jeder Zeile fehlen zwei Punkte.

Ein Elefant spazierte am Strand•**D**a traf er einen anderen Elefanten•
Die beiden begrüßten sich•**S**ie trompeteten laut•

4 Schreibe die Geschichte ab.
Schreibe das erste Wort in jedem Satz groß.

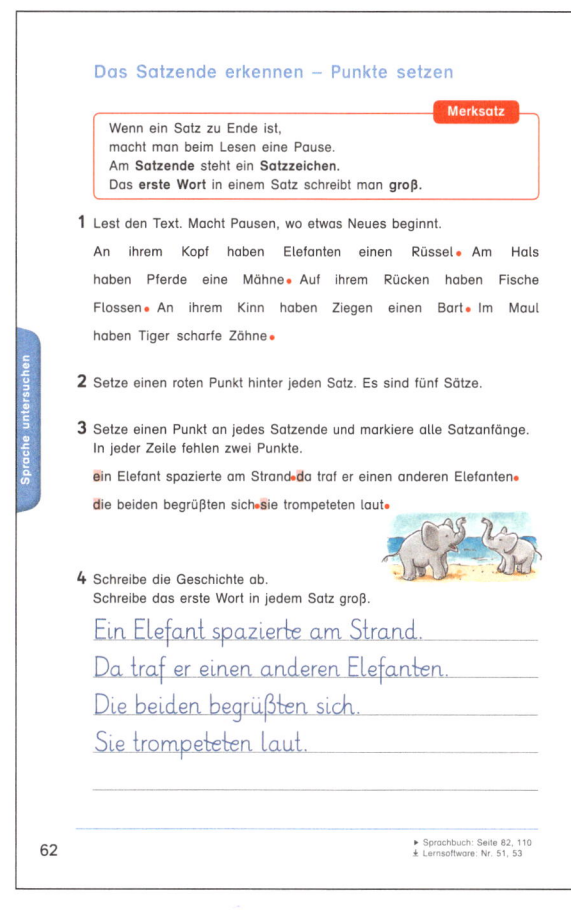

Ein Elefant spazierte am Strand.
Da traf er einen anderen Elefanten.
Die beiden begrüßten sich.
Sie trompeteten laut.

▸ Sprachbuch: Seite 82, 110
± Lernsoftware: Nr. 51, 53

62

Sprache untersuchen

Sagen, fragen, ausrufen

Merksatz

Am **Ende** von Sätzen
können verschiedene **Satzzeichen** stehen:
• ein **Punkt**, wenn man einen Satz ganz normal spricht: .
• ein **Ausrufezeichen**, wenn man einen Satz laut ausruft: !
• ein **Fragezeichen**, wenn ein Satz als Frage gemeint ist: ?

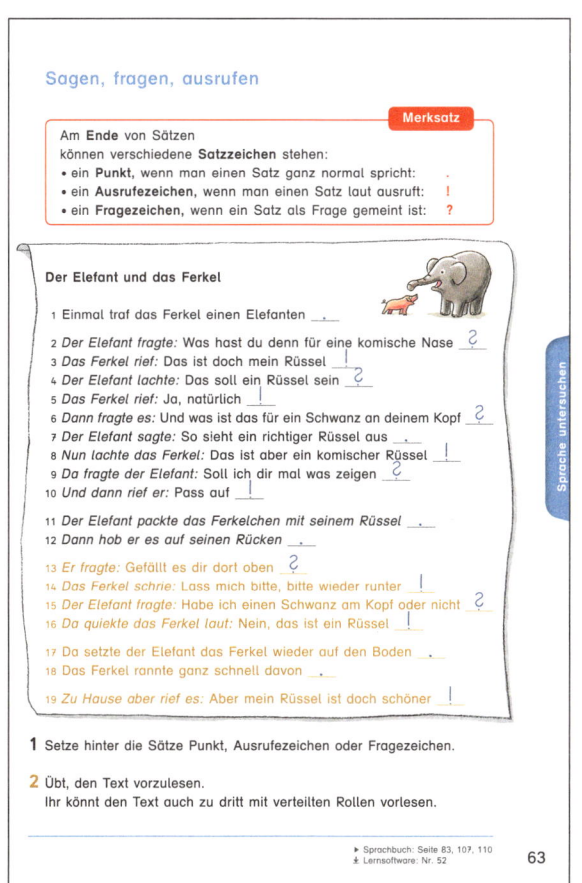

Der Elefant und das Ferkel

1 Einmal traf das Ferkel einen Elefanten **.**
2 *Der Elefant fragte:* Was hast du denn für eine komische Nase **?**
3 *Das Ferkel rief:* Das ist doch mein Rüssel **!**
4 *Der Elefant lachte:* Das soll ein Rüssel sein **?**
5 *Das Ferkel rief:* Ja, natürlich **!**
6 *Dann fragte es:* Und was ist das für ein Schwanz an deinem Kopf **?**
7 *Der Elefant sagte:* So sieht ein richtiger Rüssel aus **.**
8 *Nun lachte das Ferkel:* Das ist aber ein komischer Rüssel **!**
9 *Da fragte der Elefant:* Soll ich dir mal was zeigen **?**
10 *Und dann rief er:* Pass auf

11 Der Elefant packte das Ferkelchen mit seinem Rüssel **.**
12 Dann hob er es auf seinen Rücken **.**

13 *Er fragte:* Gefällt es dir dort oben **?**
14 *Das Ferkel schrie:* Lass mich bitte, bitte wieder runter **!**
15 *Der Elefant fragte:* Habe ich einen Schwanz am Kopf oder nicht **?**
16 *Da quiekte das Ferkel laut:* Nein, das ist ein Rüssel **!**

17 Da setzte der Elefant das Ferkel wieder auf den Boden **.**
18 Das Ferkel rannte ganz schnell davon **.**

19 *Zu Hause aber rief es:* Aber mein Rüssel ist doch schöner **!**

1 Setze hinter die Sätze Punkt, Ausrufezeichen oder Fragezeichen.

2 Übt, den Text vorzulesen.
Ihr könnt den Text auch zu dritt mit verteilten Rollen vorlesen.

▸ Sprachbuch: Seite 83, 107, 110
± Lernsoftware: Nr. 52

63

Sprache untersuchen

Was kann ich nun?

Tipp

Schau in den Lösungen nach,
ob du alles richtig gemacht hast.

Willst du wissen, was du gelernt hast?
Teste dich selbst und löse die Aufgaben.

Male nach jeder Aufgabe fünf Felder mit Punkten an.
Wenn du alle angemalt hast, steht auf jeder Seite ein Wort.

Werkstatt: Lernen

1 Ordne diese Wörter nach dem ABC:

Fuß · Kopf · Nase · Arm

Arm · Fuß · Kopf · Nase

2 Ordne nach dem zweiten Buchstaben:

Wind · Wolke · Wasser · Wetter

Wasser · Wetter · Wind · Wolke

Werkstatt: Sprechen und Zuhören

3 Kreuze die richtigen Sätze an.

☐ Bei einem Vortrag schaue ich nur die Lehrerin an.
☒ Bei einem Vortrag nenne ich am Anfang das Thema.
☒ Bei einem Klassengespräch melde ich mich, wenn ich etwas sagen will.
☐ Bei einem Klassengespräch lasse ich die anderen nicht ausreden.

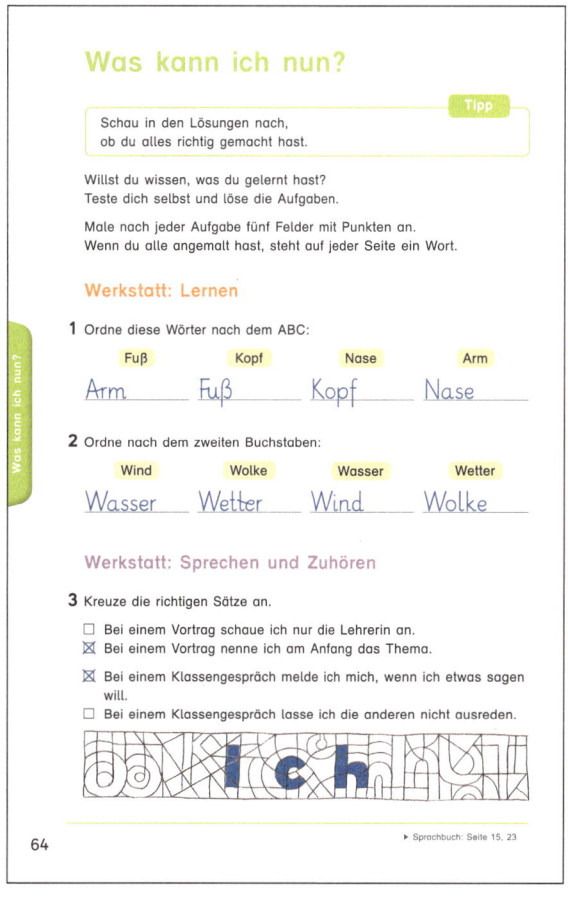

▸ Sprachbuch: Seite 15, 23

64

Was kann ich nun?

Werkstatt: Texte verfassen

1 Kreuze an, was richtig ist.

In einer Suchanzeige schreibe ich,
☒ was ich suche.
◯ wann ich Geburtstag habe.
☒ wann ich es verloren habe.

2 In diesem Text stimmt etwas nicht. Suche die Stelle mit der roten Textlupe und markiere sie.

In den Sommerferien besucht Anna ihre Großeltern. Sie wohnen auf einem Bauernhof und haben viele Tiere. Anna geht jeden Morgen in den Hühnerstall und füttert dort die **Kühe**. Das macht ihr großen Spaß.

Hier stimmt etwas nicht.

Werkstatt: Richtig schreiben

3 Setze in die Tierwörter die fehlenden Selbstlaute ein.

F **i** sch   W **a** l   Fr **o** sch   Pf **e** rd   H **u** mm **e** l
oder Hammel

4 Ordne die Wörter nach der Anzahl der Silben.

Wolke   Sturm   Gewitter   Eisregen   Donner   Wind

Wörter mit einer Silbe: *Sturm, Wind*

Wörter mit zwei Silben: *Wolke, Donner*

Wörter mit drei Silben: *Gewitter, Eisregen*

5 Lies die Wörter. Kreise die Mitsprechwörter ein.

(rot)   orange   gelb   violett   (blau)   (rosa)

6 Das Wort **Sport** ist ein Nachdenkwort. Erkläre, warum.

Ich höre Schp, schreibe aber Sp.

kann

▶ Sprachbuch: Seite 41–43, 63–65   65

---

1 Schreibe unter jedes Bild das richtige Nachdenkwort.

Tasse   *Teller*   *Löffel*   *Messer*

2 Setze den fehlenden Buchstaben ein.

g oder **k**?   **d** oder **t**?

der We **g**   das Hef **t**

die Ban **k**   der Stif **t**

der Ber **g**   die Han **d**

3 In jedem Satz hat sich ein Fehler versteckt. Unterstreiche ihn. Schreibe die Sätze ohne Fehler auf.

Die M**eu**se knabbern. *Die Mäuse knabbern.*

Die Bl**e**tter rascheln. *Die Blätter rascheln.*

Die Katze schl**e**ft. *Die Katze schläft.*

4 Markiere die Wörter, die großgeschrieben werden müssen.

bald fangen die **s**ommerferien an.

dann gehe ich sechs **w**ochen nicht zur **s**chule.

wer gießt unsere **b**lumen im **k**lassenzimmer?

5 Schreibe die Merkwörter unter die Bilder.

Vogel   *Hexe*   *Feuer*

schon

66   ▶ Sprachbuch: Seite 41–43, 63–65

Werkstatt: Sprache untersuchen

1 Markiere farbig: Nomen für Menschen, Nomen für Tiere, Nomen für Pflanzen und Nomen für Dinge

Füller   Polizist   Maus   Rose   Kröte

Tante   Schwamm   Apfelbaum

2 Schreibe die Nomen in der Mehrzahl: Schreibe die Nomen in der Einzahl:

der Tag – *Tage*   die Kinder – *Kind*

das Auto – *Autos*   die Straßen – *Straße*

3 Ordne die Wörter den Wortarten zu.

groß   lachen   schnell   schreiben   rennen   leise   müde   spielen

Verben: *lachen, schreiben, rennen, spielen*

Adjektive: *groß, schnell, leise, müde*

4 Setze die Verben in der gebeugten Form ein.

schwimmen: ich *schwimme*   schlafen: ihr *schlaft*

lesen: er *liest*   lachen: du *lachst*

5 Setze hinter die Sätze Punkt, Ausrufezeichen oder Fragezeichen.

Mats spielt mit Marie Tischtennis *.*

Marie ruft: Hurra, ich habe gewonnen *!*

Mats fragt: Spielen wir noch ein Spiel *?*

Marie antwortet: Klar, wenn du noch einmal verlieren willst *.*

viel

▶ Sprachbuch: Seite 85–87   67